¿Sabes quién es ZAPATA?

¿Sabes quién es Zapata?

Primera edición: agosto de 2019

D. R. © 2019, Amaranta Leyva, por el texto
D. R. © 2019, Aarón Cruz, por el cómic y la cubierta

D. R. © 2019, derechos de edición mundiales en lengua castellana:
Penguin Random House Grupo Editorial, S. A. de C. V.
Blvd. Miguel de Cervantes Saavedra núm. 301, 1er piso,
colonia Granada, delegación Miguel Hidalgo, C. P. 11520,
Ciudad de México

www.megustaleer.mx

Rodrigo Flores López, notación de partitura

"Corrido de la muerte de Emiliano Zapata", de Baltasar Dromundo y Daniel Castañeda, publicado en el XV aniversario de la muerte de Zapata con esta leyenda: "Este es un corrido deliberadamente popular. La letra y la música son del pueblo. Toda otra explicación sale sobrando". Otras piezas musicales de dominio público referidas en este libro son "El barzón", de Luis Pérez Meza; "Corrido a Emiliano Zapata", de Paco Chanona; "Corrido de Zapata niño", de José Muñoz Cota; "Corrido de la llegada de Zapata", de José Muñoz Cota; "Corrido de la muerte de Zapata", de A. List.

ISBN: 978-607-318-357-4

Impreso en México – *Printed in Mexico*

El papel utilizado para la impresión de este libro ha sido fabricado a partir de madera
procedente de bosques y plantaciones gestionadas con los más altos estándares ambientales,
garantizando una explotación de los recursos sostenible con el medio ambiente
y beneficiosa para las personas.

Penguin
Random House
Grupo Editorial

* * *

¿Sabes quién es ZAPATA?

* * *

Amaranta Leyva
con ilustraciones de Aarón Cruz

ALFAGUARA

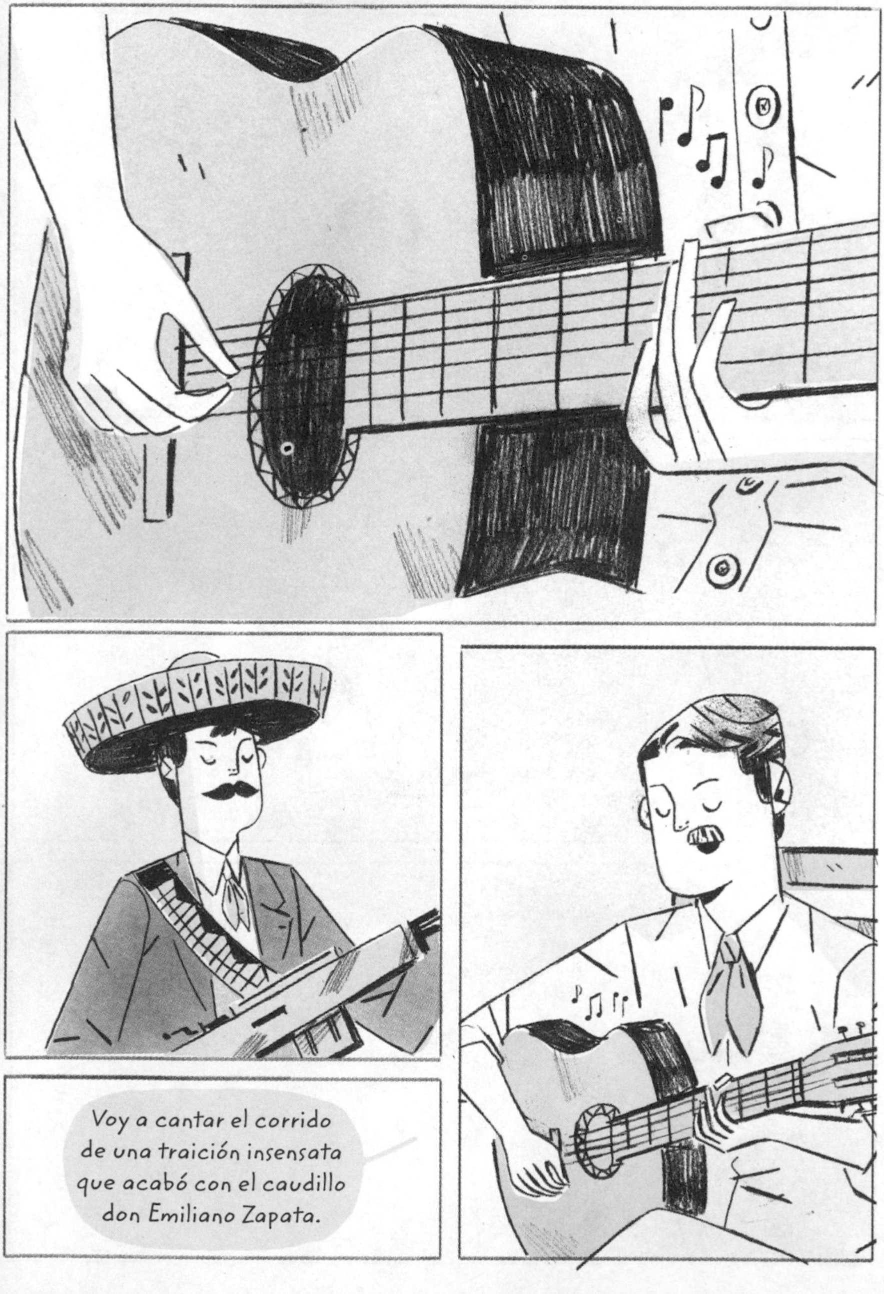
Voy a cantar el corrido de una traición insensata que acabó con el caudillo don Emiliano Zapata.

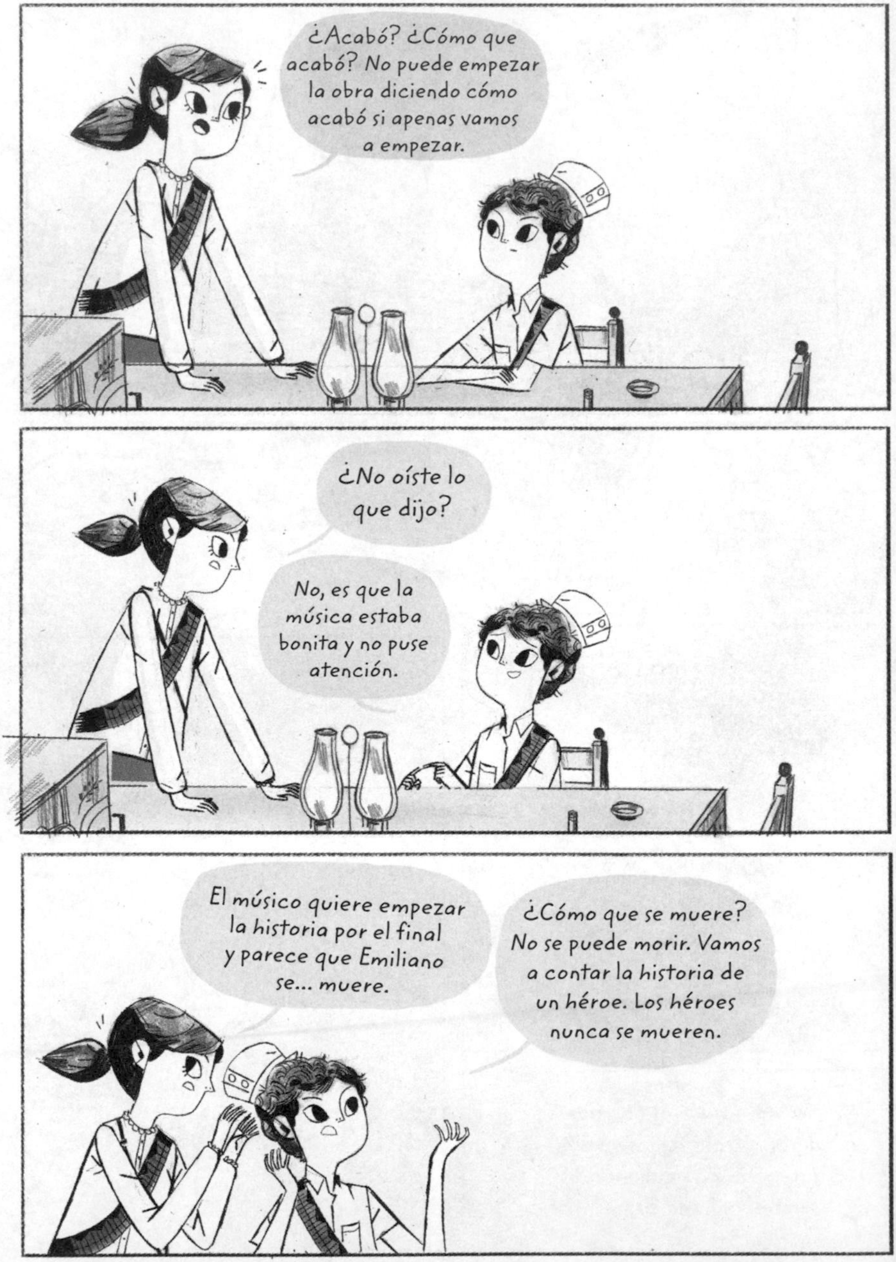
¿Acabó? ¿Cómo que acabó? No puede empezar la obra diciendo cómo acabó si apenas vamos a empezar.
¿No oíste lo que dijo?
No, es que la música estaba bonita y no puse atención.
El músico quiere empezar la historia por el final y parece que Emiliano se... muere.
¿Cómo que se muere? No se puede morir. Vamos a contar la historia de un héroe. Los héroes nunca se mueren.

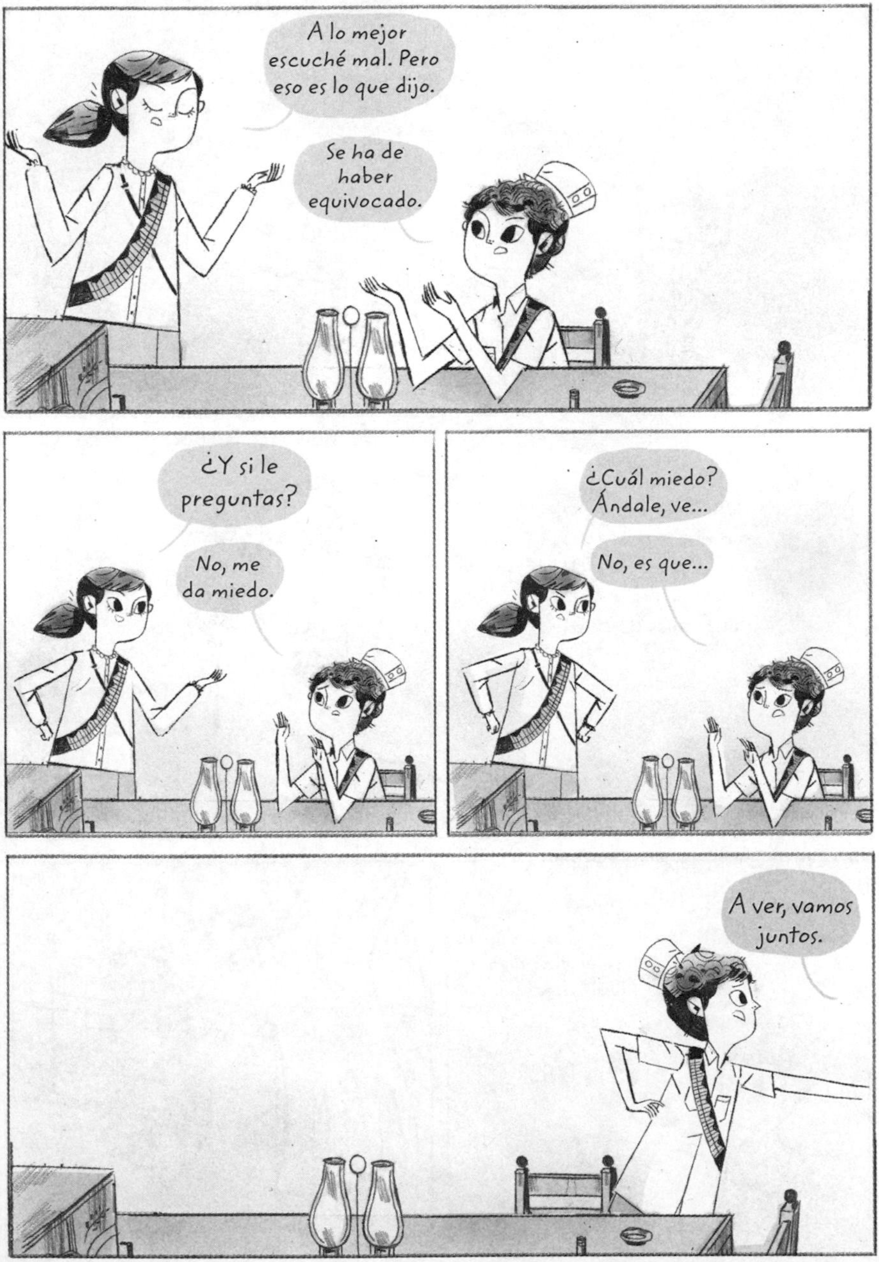
A lo mejor escuché mal. Pero eso es lo que dijo.
Se ha de haber equivocado.
¿Y si le preguntas?
No, me da miedo.
¿Cuál miedo? Ándale, ve...
No, es que...
A ver, vamos juntos.

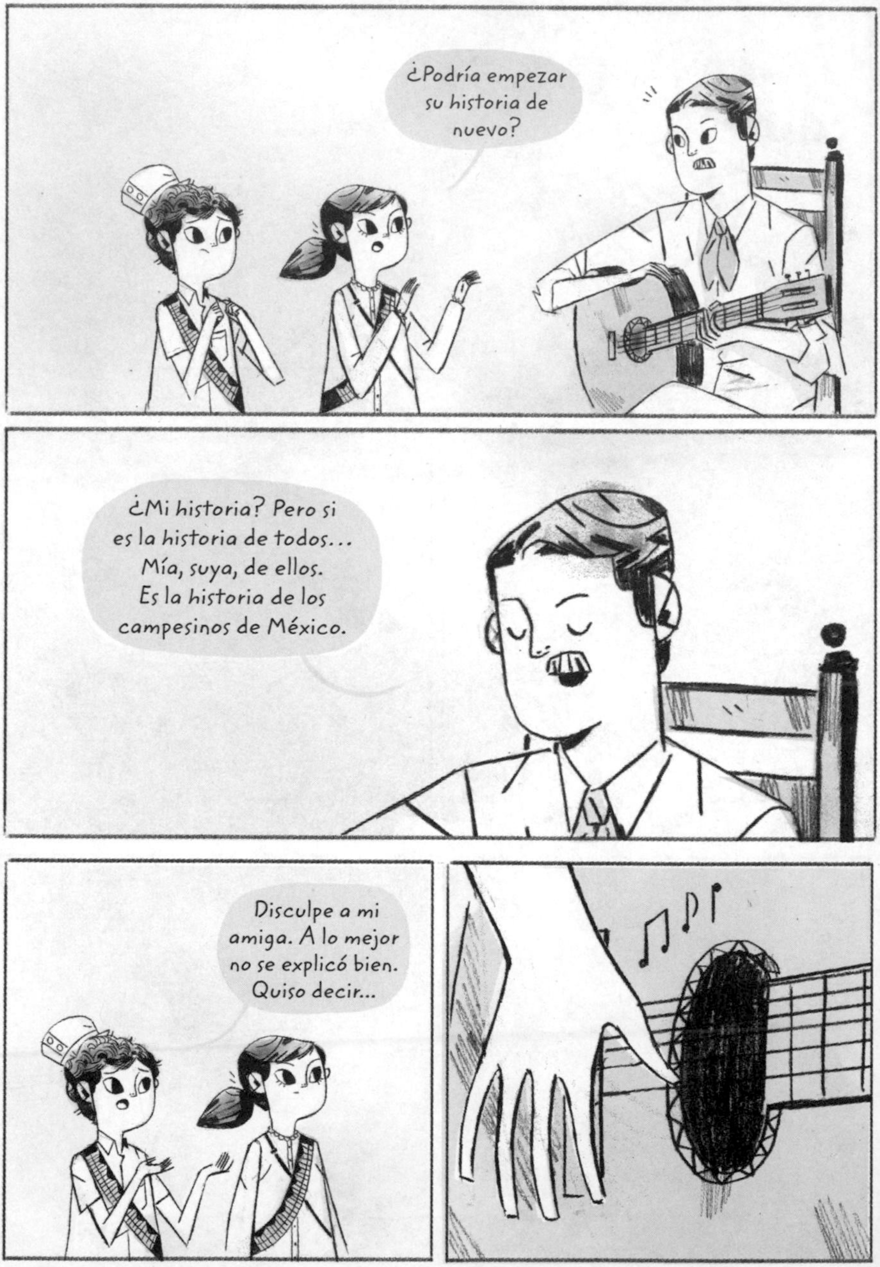
¿Podría empezar su historia de nuevo?
¿Mi historia? Pero si es la historia de todos... Mía, suya, de ellos. Es la historia de los campesinos de México.
Disculpe a mi amiga. A lo mejor no se explicó bien. Quiso decir...

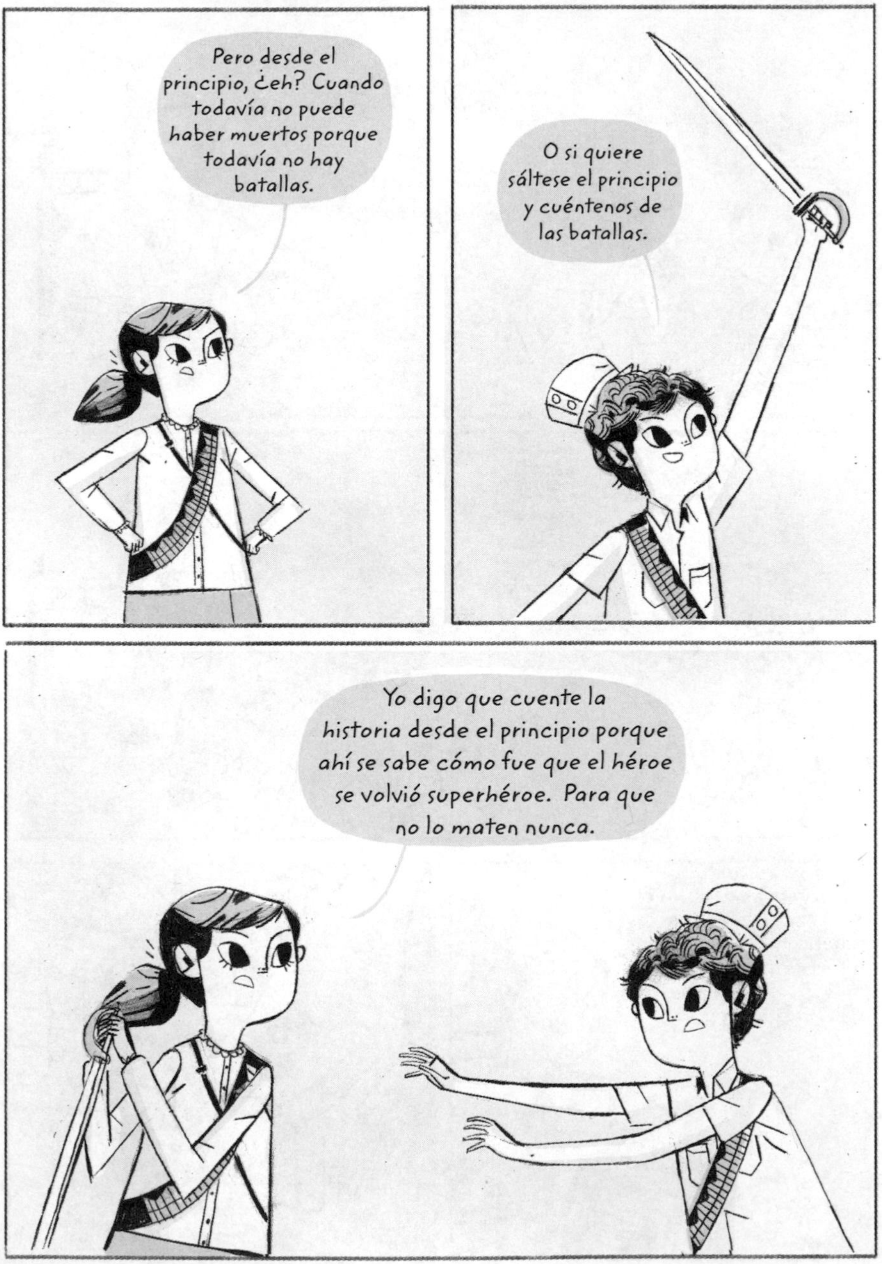
Pero desde el principio, ¿eh? Cuando todavía no puede haber muertos porque todavía no hay batallas.
O si quiere sáltese el principio y cuéntenos de las batallas.
Yo digo que cuente la historia desde el principio porque ahí se sabe cómo fue que el héroe se volvió superhéroe. Para que no lo maten nunca.

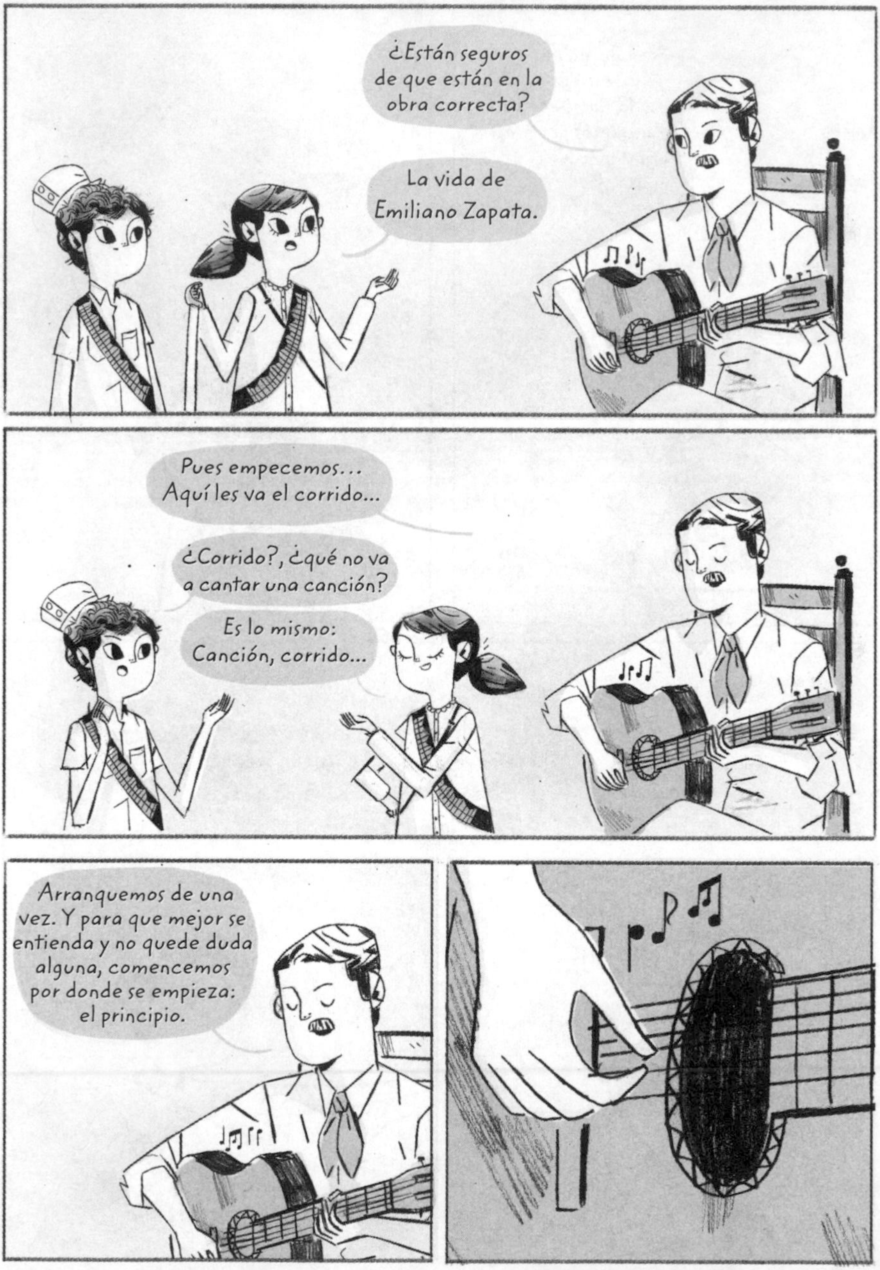
¿Están seguros de que están en la obra correcta?
La vida de Emiliano Zapata.
Pues empecemos... Aquí les va el corrido...
¿Corrido?, ¿qué no va a cantar una canción?
Es lo mismo: Canción, corrido...
Arranquemos de una vez. Y para que mejor se entienda y no quede duda alguna, comencemos por donde se empieza: el principio.

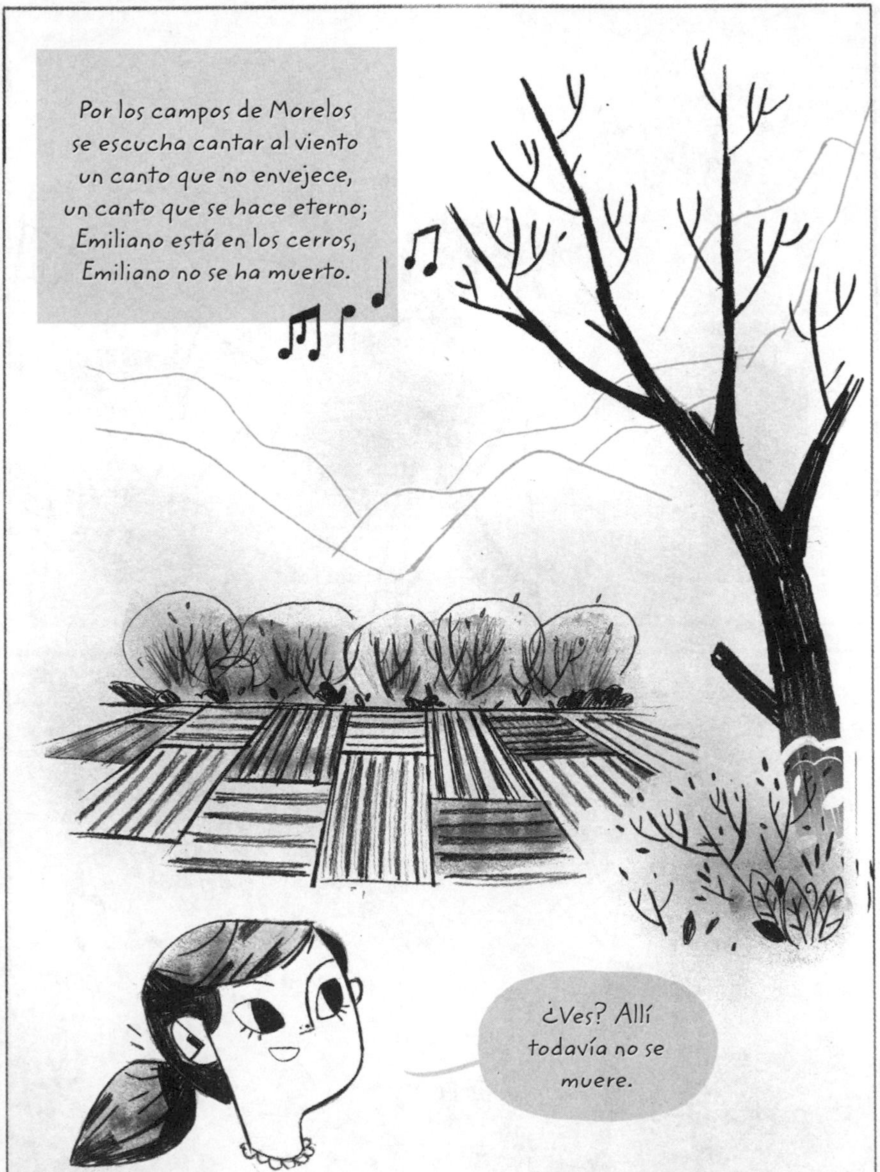
Por los campos de Morelos
se escucha cantar al viento
un canto que no envejece,
un canto que se hace eterno;
Emiliano está en los cerros,
Emiliano no se ha muerto.
¿Ves? Allí todavía no se muere.

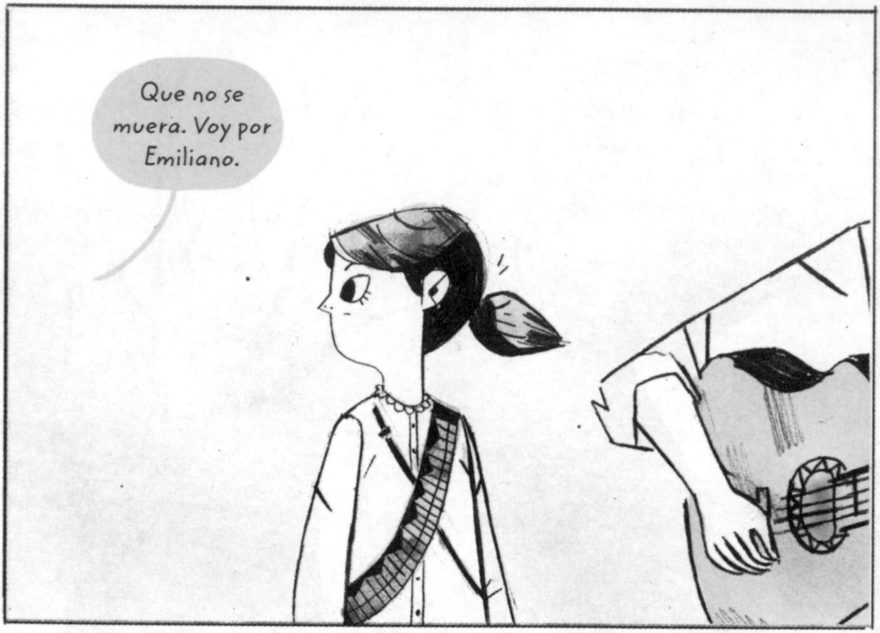
Que no se muera. Voy por Emiliano.

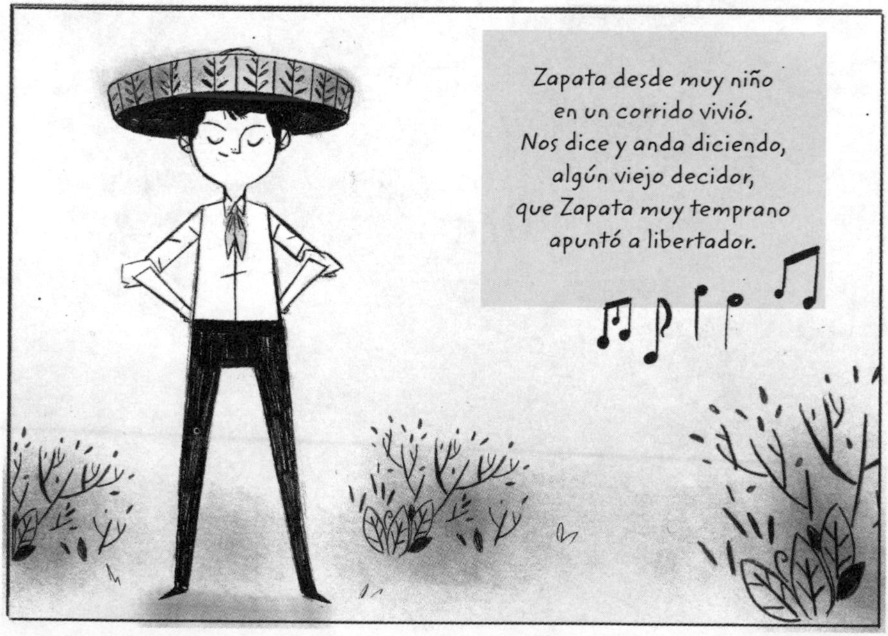
Zapata desde muy niño
en un corrido vivió.
Nos dice y anda diciendo,
algún viejo decidor,
que Zapata muy temprano
apuntó a libertador.

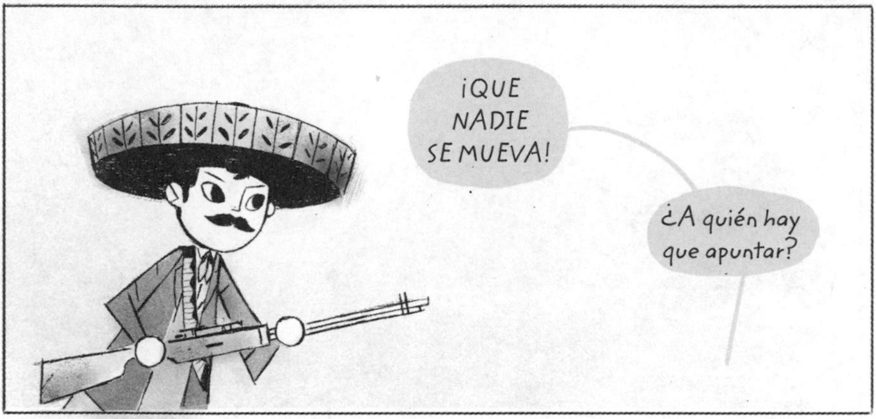
¡QUE NADIE SE MUEVA!
¿A quién hay que apuntar?

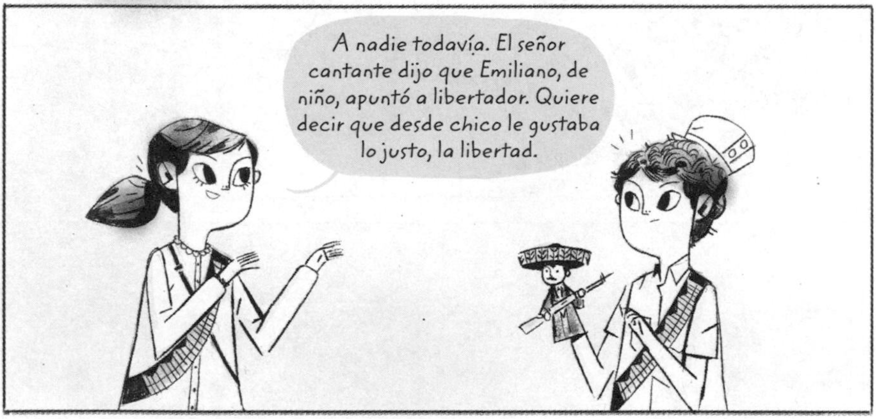
A nadie todavía. El señor cantante dijo que Emiliano, de niño, apuntó a libertador. Quiere decir que desde chico le gustaba lo justo, la libertad.

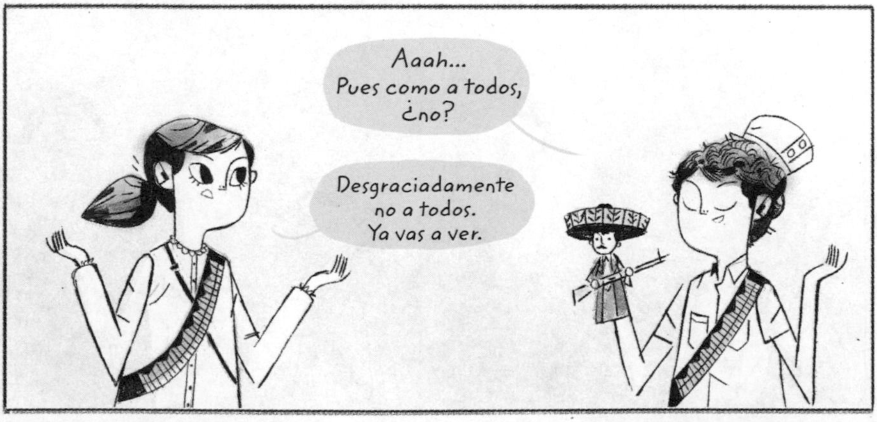
Aaah... Pues como a todos, ¿no?
Desgraciadamente no a todos. Ya vas a ver.

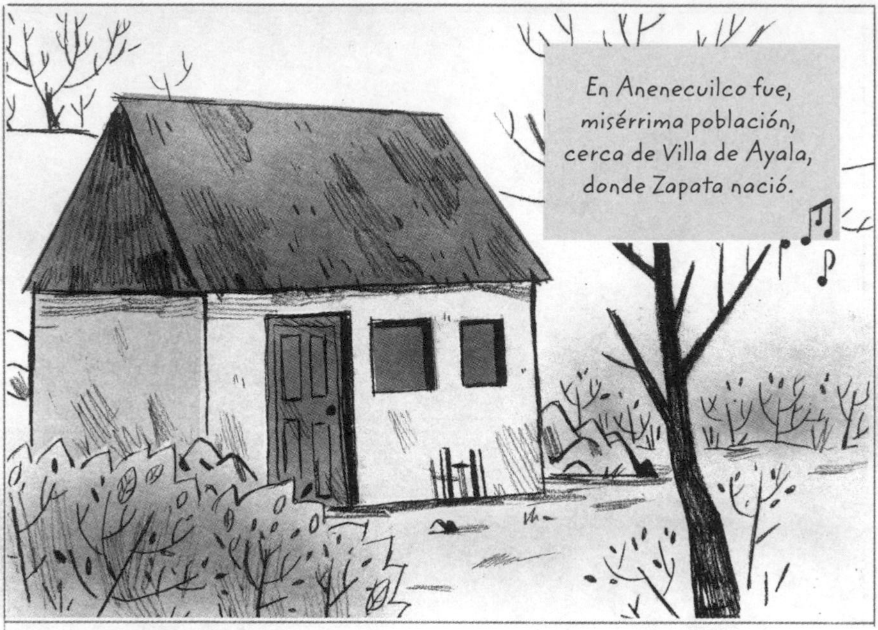
En Anenecuilco fue,
misérrima población,
cerca de Villa de Ayala,
donde Zapata nació.

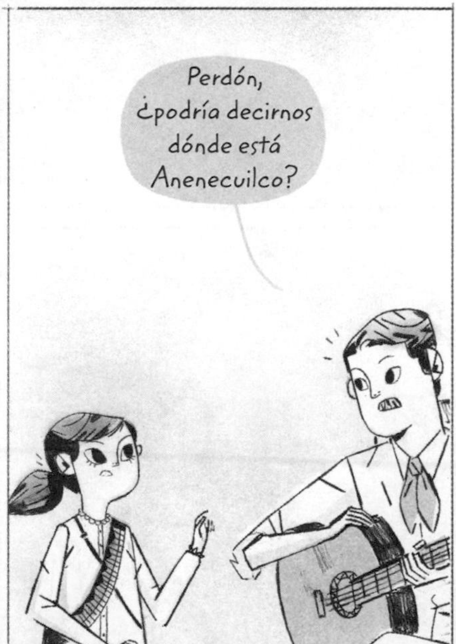
Perdón,
¿podría decirnos
dónde está
Anenecuilco?

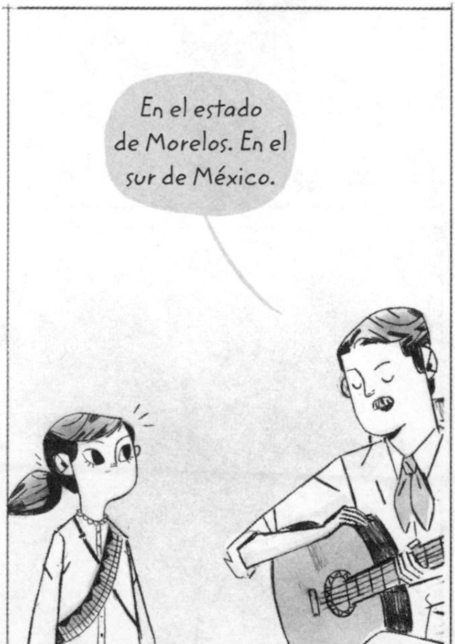
En el estado
de Morelos. En el
sur de México.

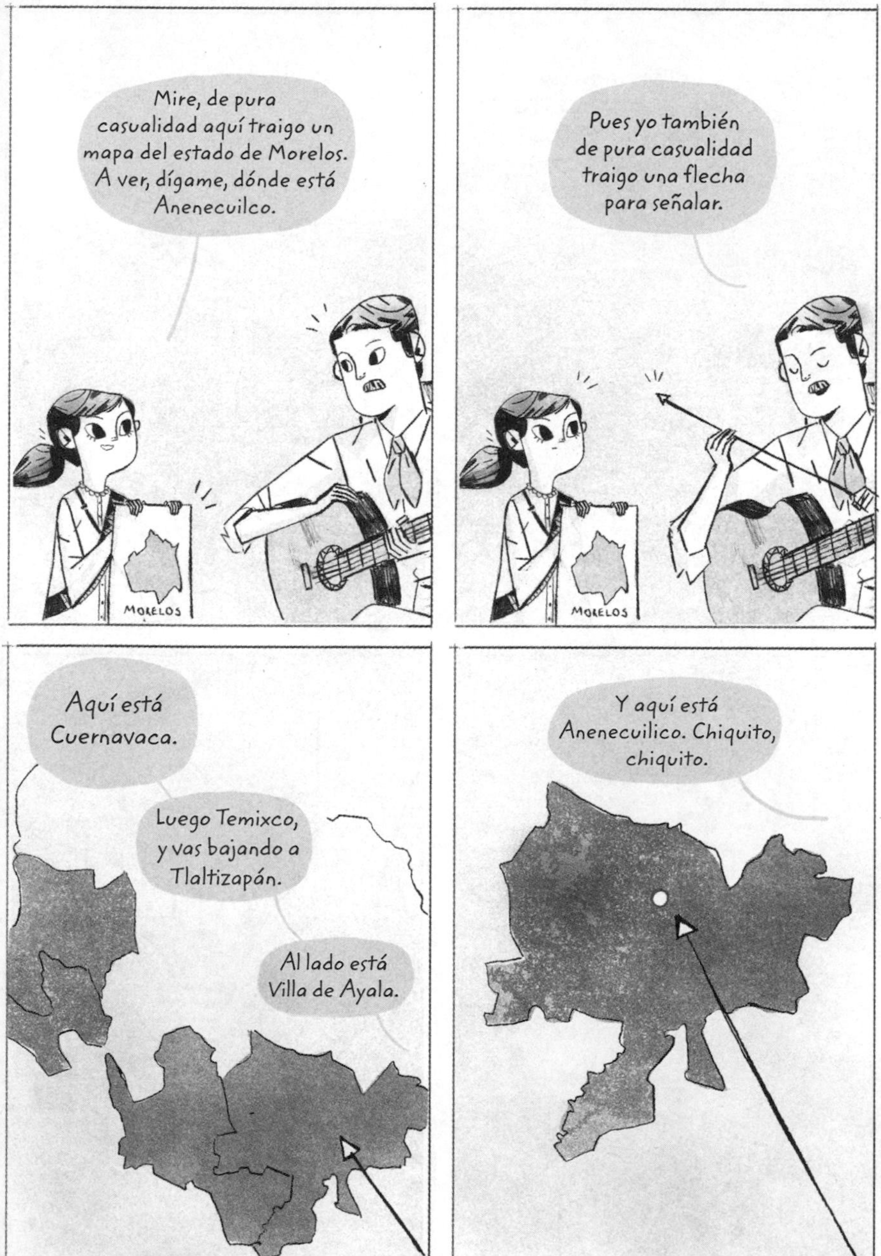
Mire, de pura casualidad aquí traigo un mapa del estado de Morelos. A ver, dígame, dónde está Anenecuilco.
MORELOS
Pues yo también de pura casualidad traigo una flecha para señalar.
MORELOS
Aquí está Cuernavaca.
Luego Temixco, y vas bajando a Tlaltizapán.
Al lado está Villa de Ayala.
Y aquí está Anenecuilico. Chiquito, chiquito.

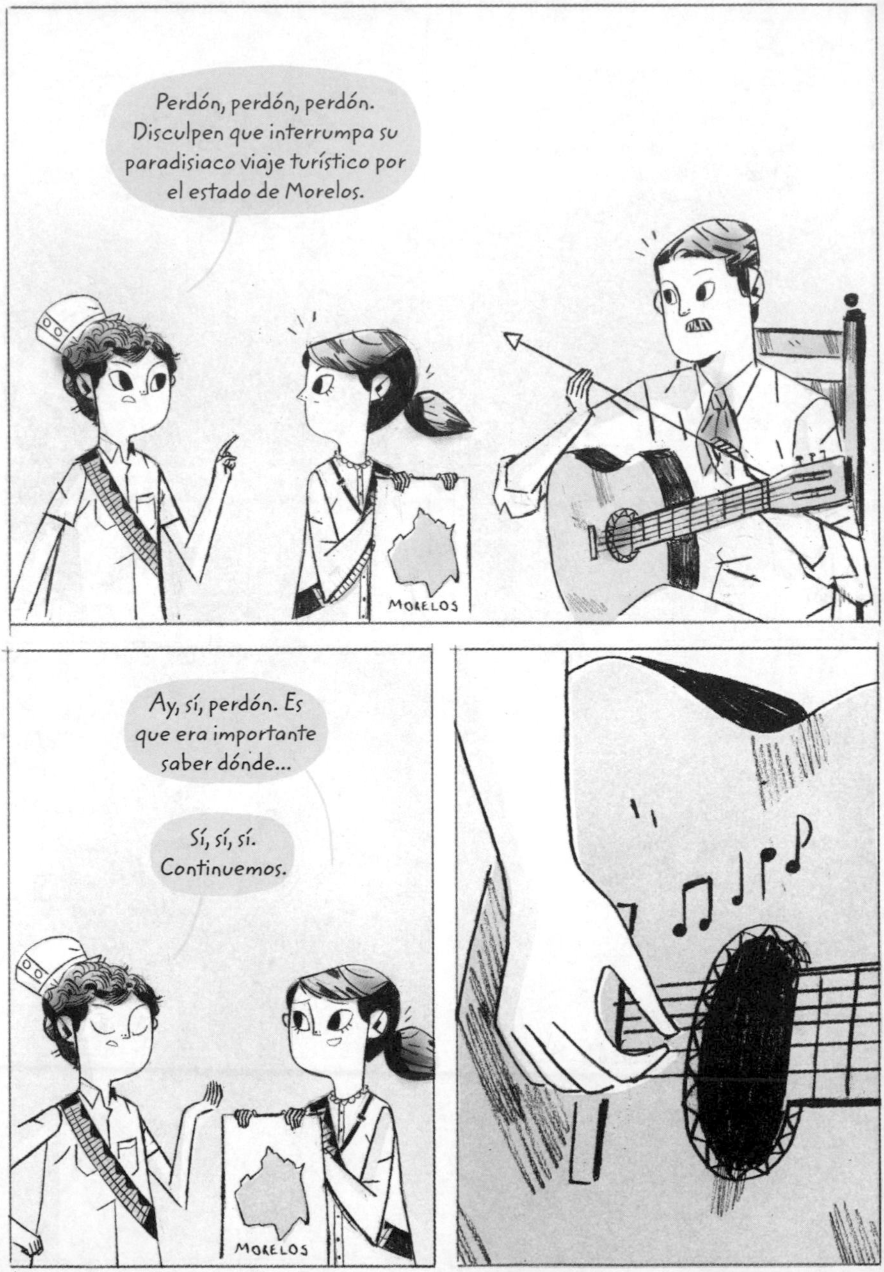
Perdón, perdón, perdón. Disculpen que interrumpa su paradisiaco viaje turístico por el estado de Morelos.
MORELOS
Ay, sí, perdón. Es que era importante saber dónde...
Sí, sí, sí. Continuemos.
MORELOS

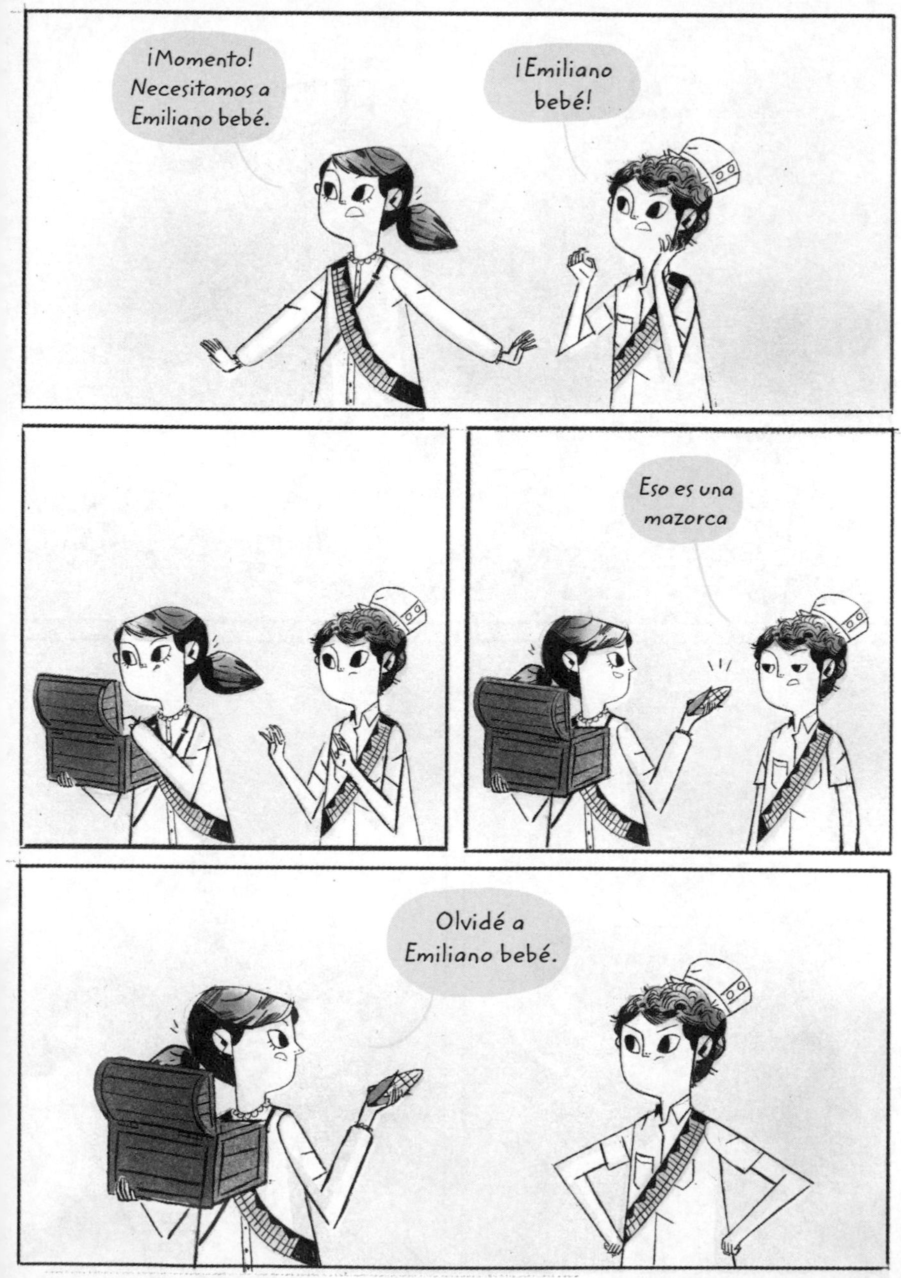
¡Momento! Necesitamos a Emiliano bebé.
¡Emiliano bebé!
Eso es una mazorca
Olvidé a Emiliano bebé.

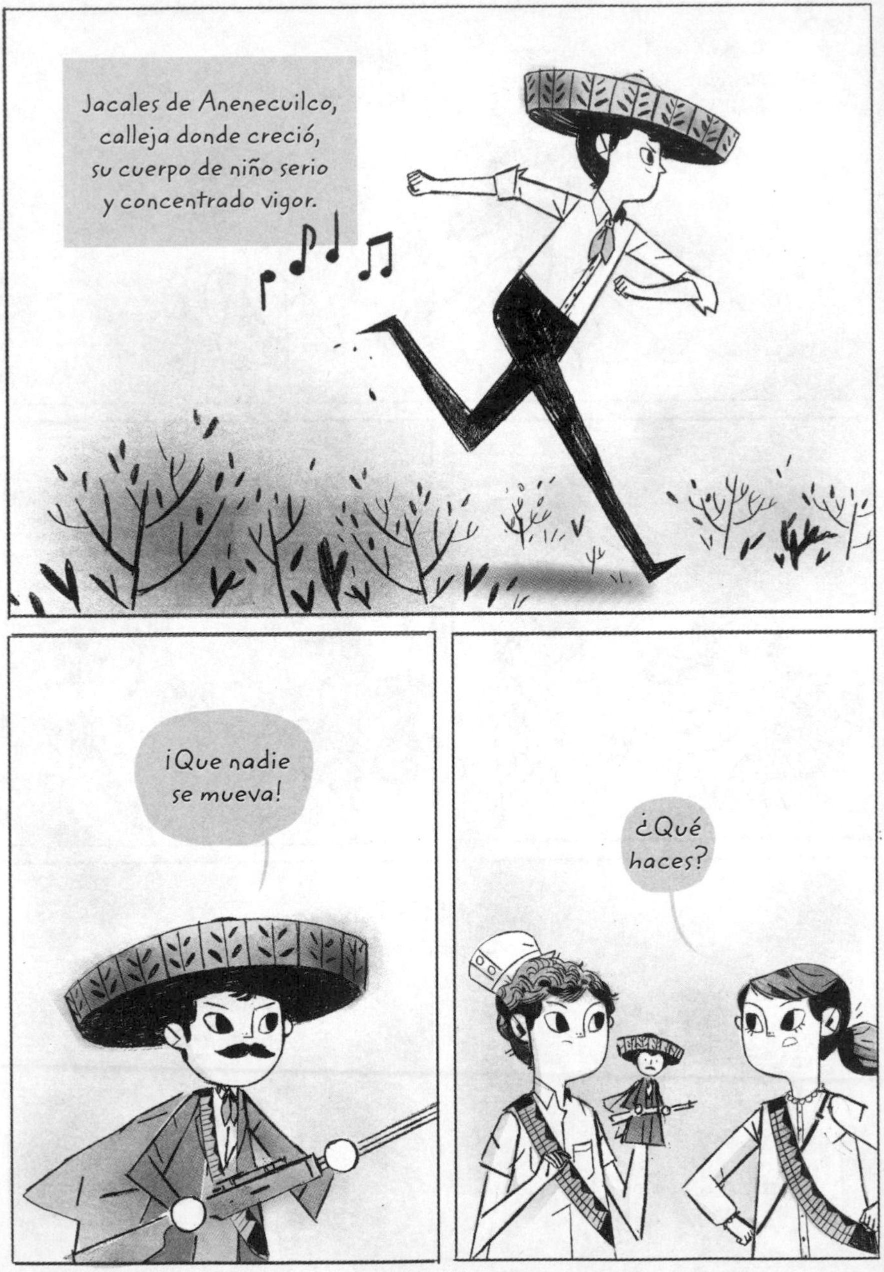
Jacales de Anenecuilco,
calleja donde creció,
su cuerpo de niño serio
y concentrado vigor.
¡Que nadie se mueva!
¿Qué haces?

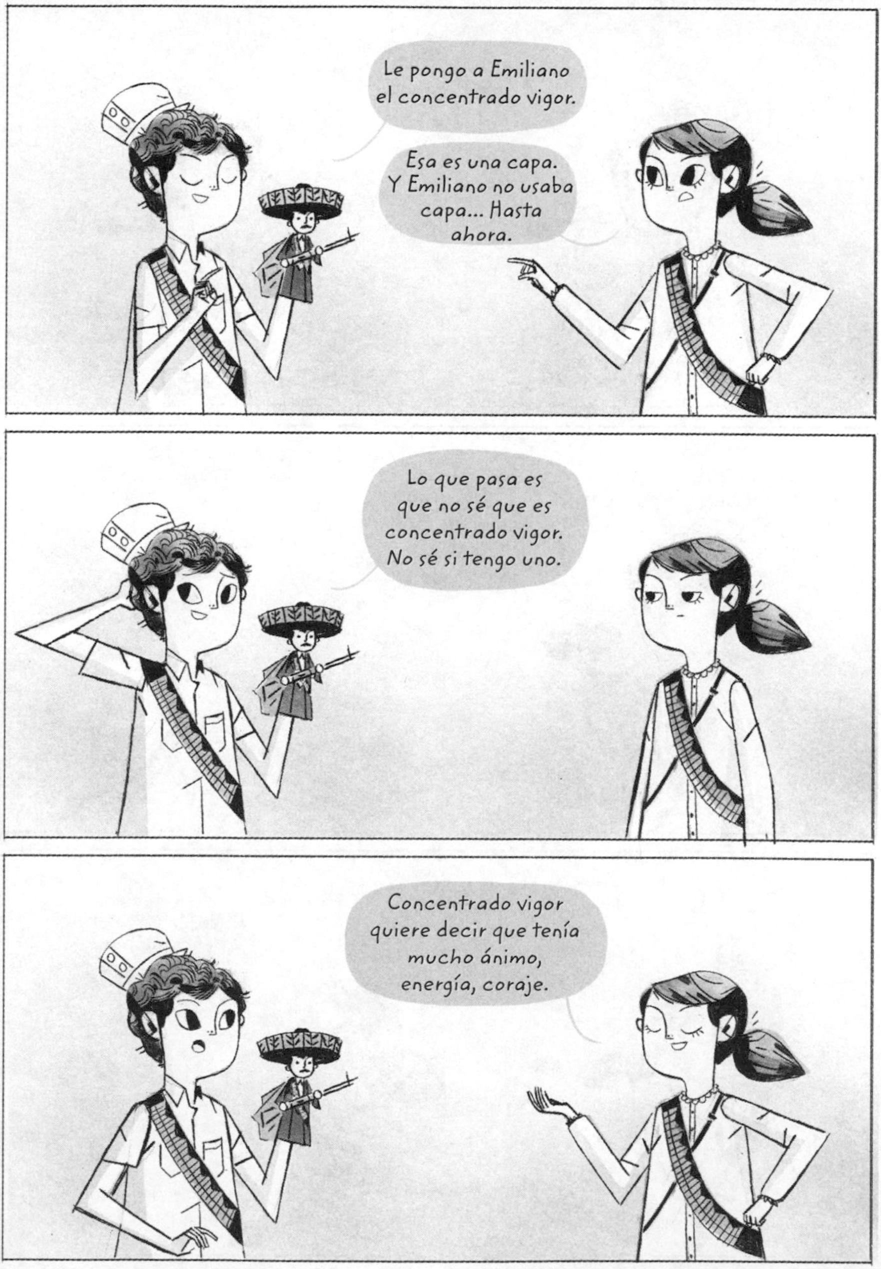
Le pongo a Emiliano el concentrado vigor.
Esa es una capa. Y Emiliano no usaba capa... Hasta ahora.
Lo que pasa es que no sé que es concentrado vigor. No sé si tengo uno.
Concentrado vigor quiere decir que tenía mucho ánimo, energía, coraje.

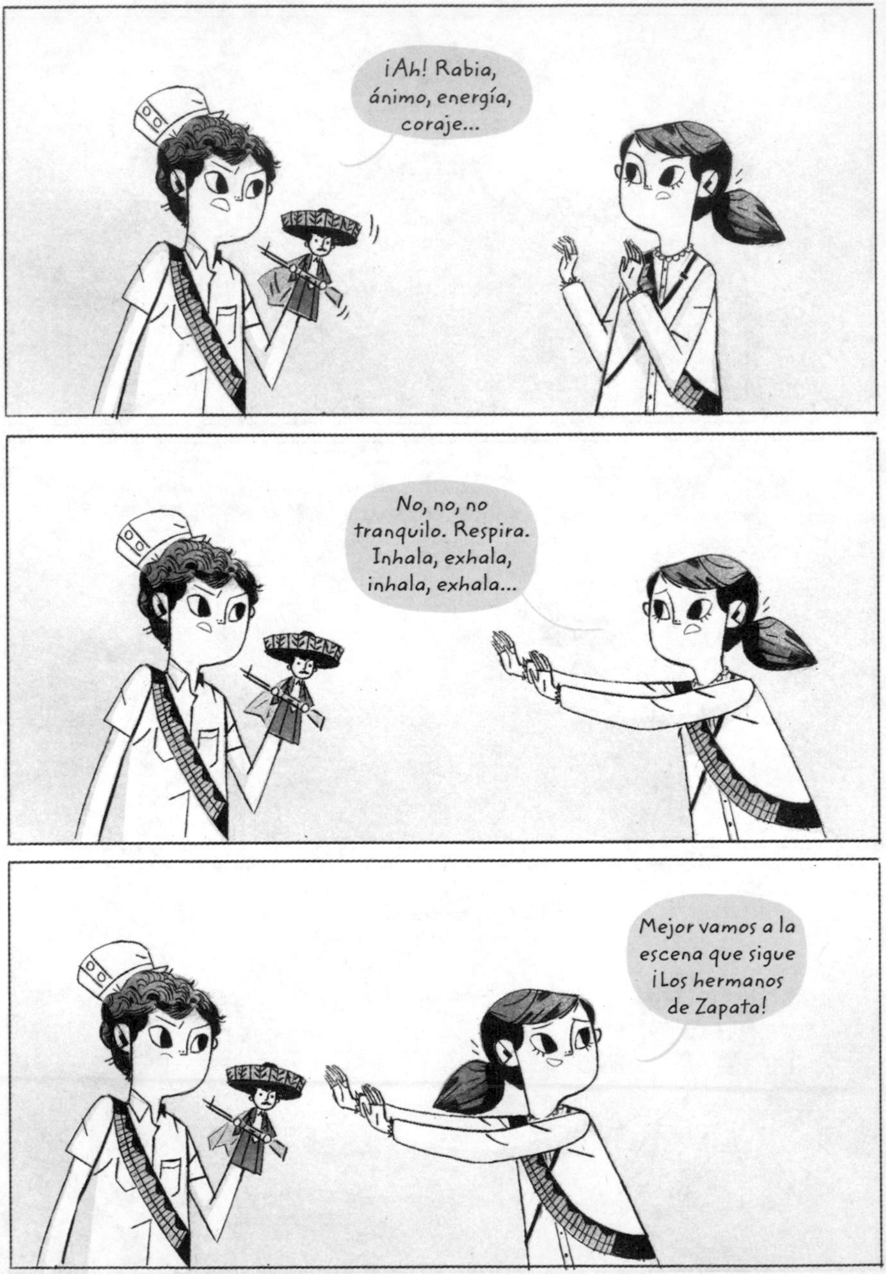
¡Ah! Rabia, ánimo, energía, coraje...
No, no, no tranquilo. Respira. Inhala, exhala, inhala, exhala...
Mejor vamos a la escena que sigue ¡Los hermanos de Zapata!

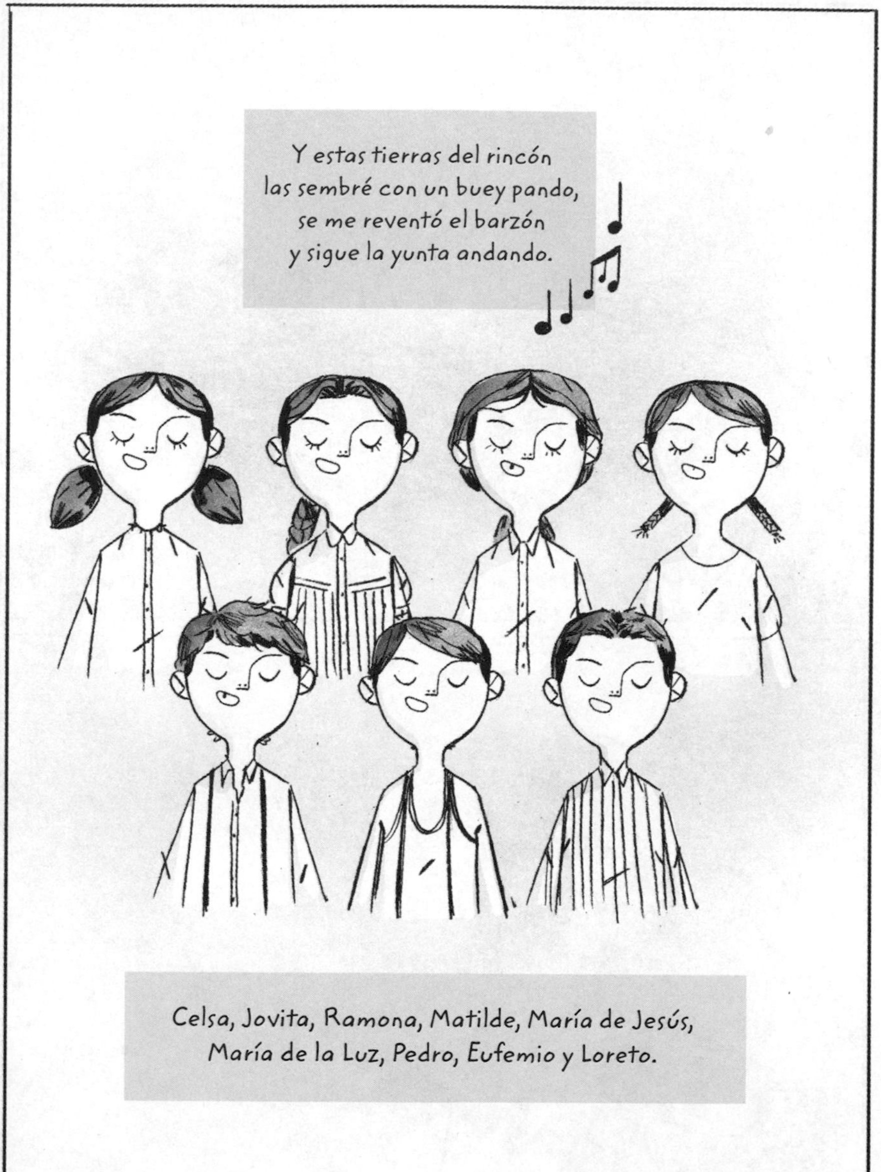
Y estas tierras del rincón
las sembré con un buey pando,
se me reventó el barzón
y sigue la yunta andando.
Celsa, Jovita, Ramona, Matilde, María de Jesús,
María de la Luz, Pedro, Eufemio y Loreto.

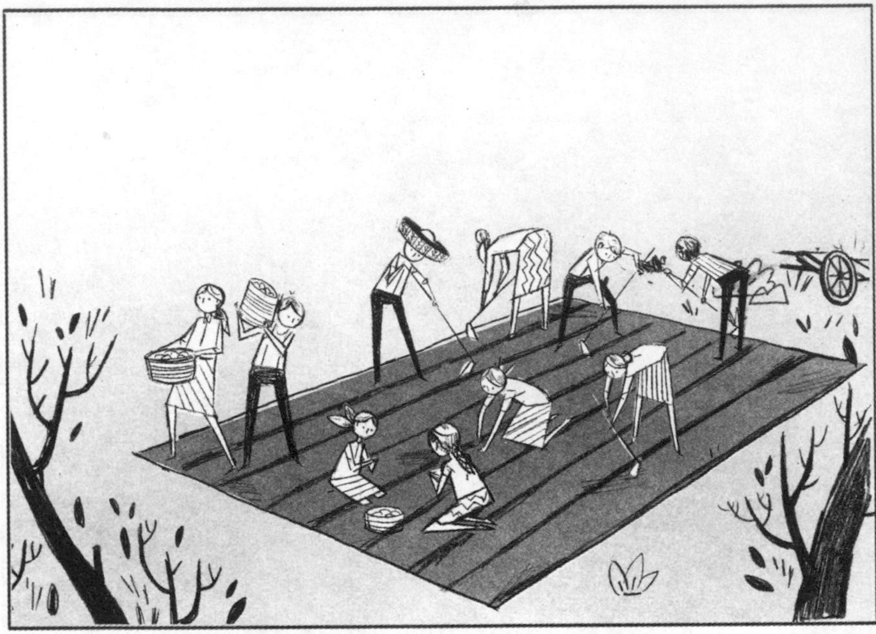

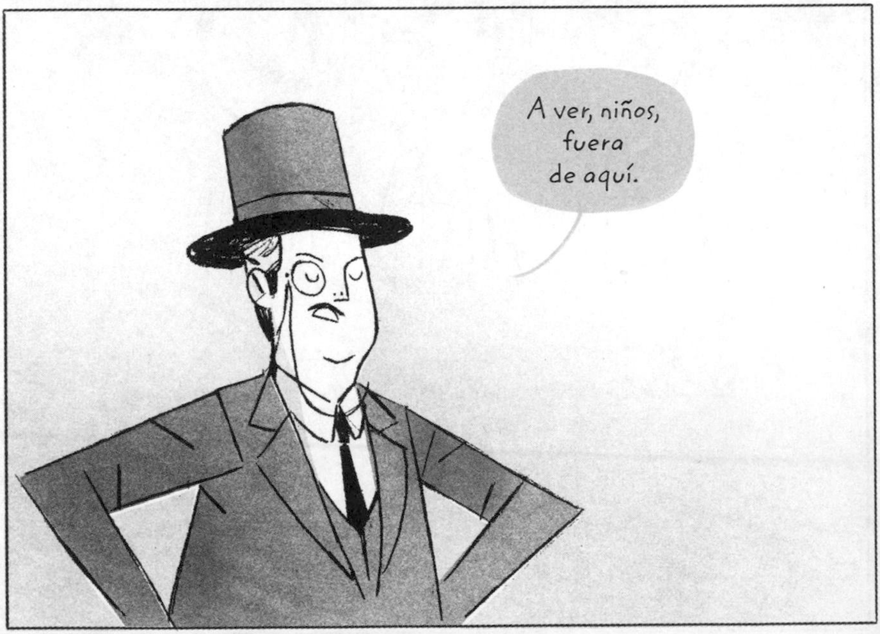
A ver, niños, fuera de aquí.

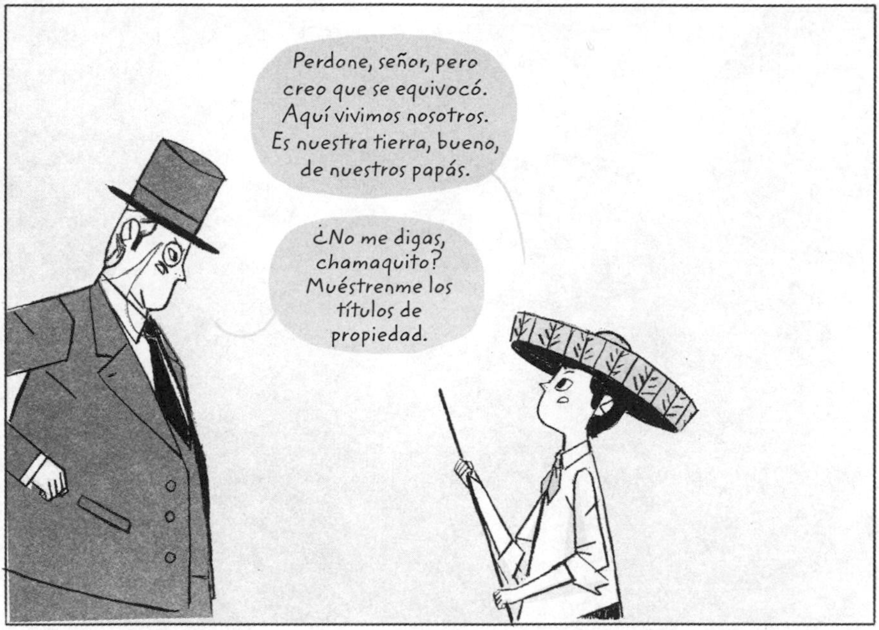
Perdone, señor, pero creo que se equivocó. Aquí vivimos nosotros. Es nuestra tierra, bueno, de nuestros papás.
¿No me digas, chamaquito? Muéstrenme los títulos de propiedad.

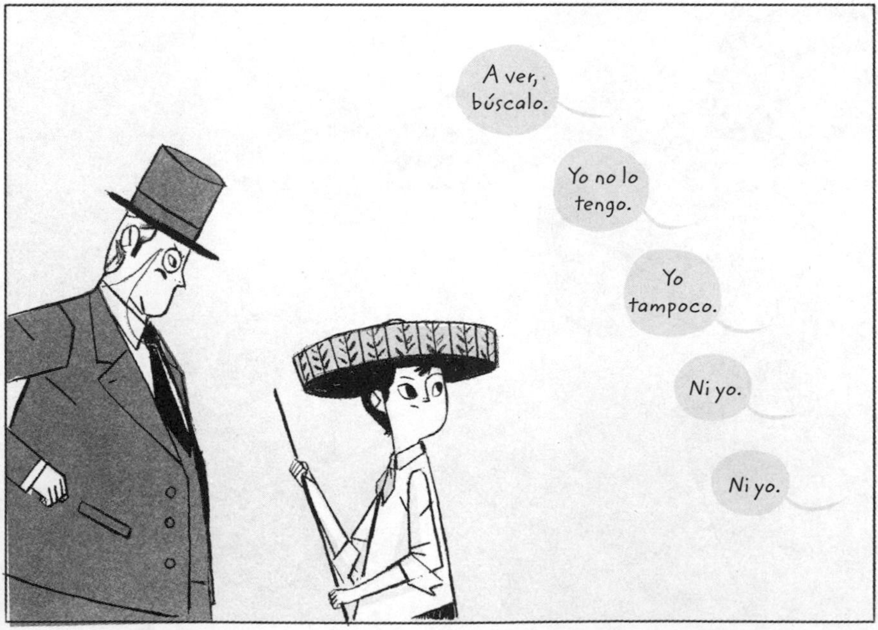
A ver, búscalo.
Yo no lo tengo.
Yo tampoco.
Ni yo.
Ni yo.

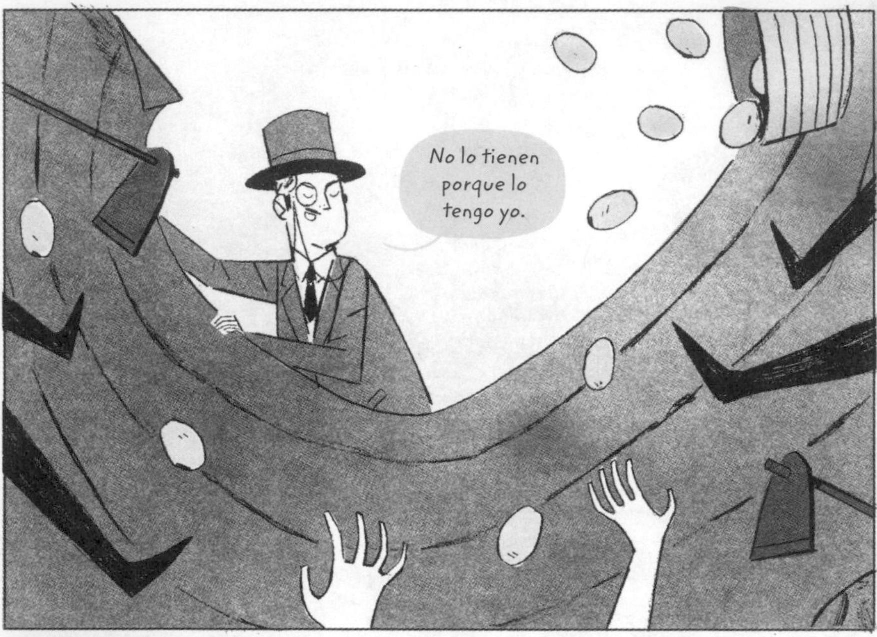
No lo tienen porque lo tengo yo.

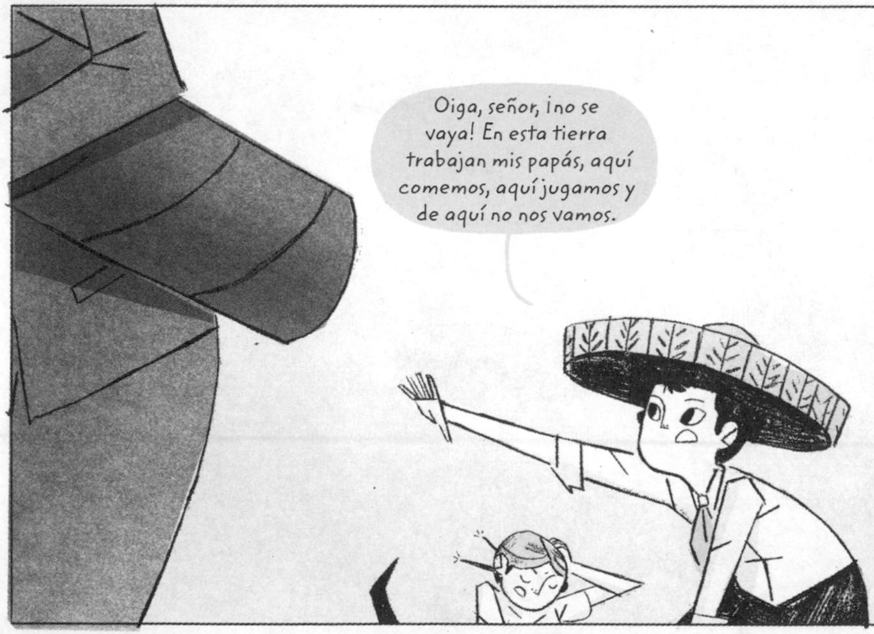
Oiga, señor, ¡no se vaya! En esta tierra trabajan mis papás, aquí comemos, aquí jugamos y de aquí no nos vamos.

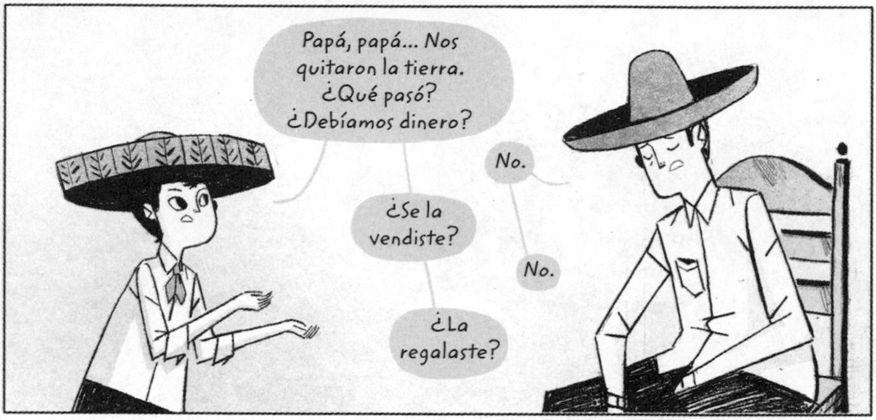
Papá, papá... Nos quitaron la tierra. ¿Qué pasó? ¿Debíamos dinero?
No.
¿Se la vendiste?
No.
¿La regalaste?

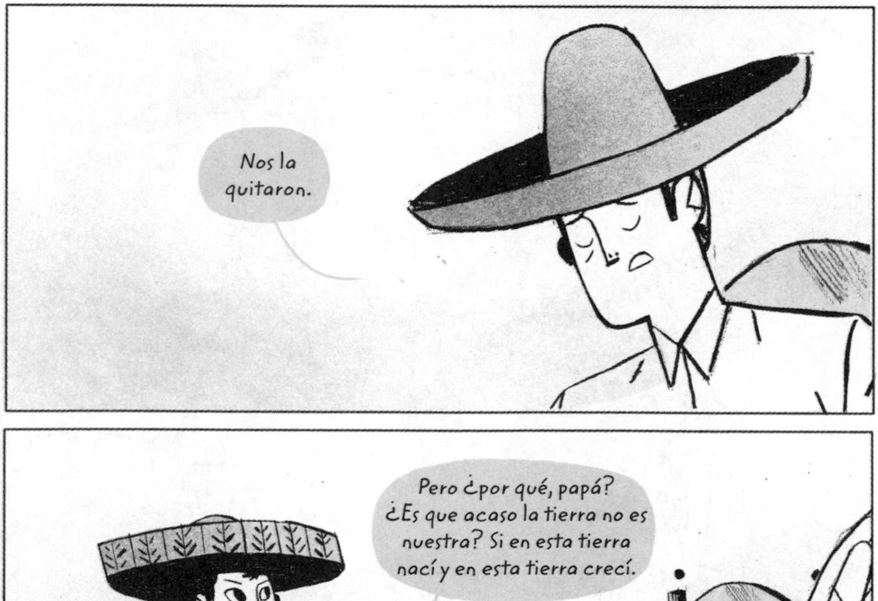
Nos la quitaron.

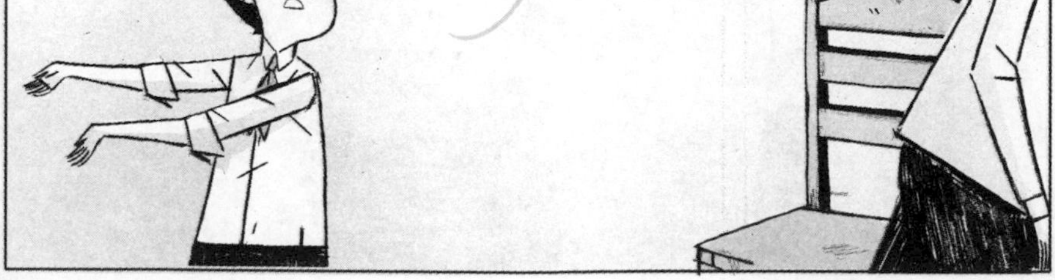
Pero ¿por qué, papá? ¿Es que acaso la tierra no es nuestra? Si en esta tierra nací y en esta tierra crecí.

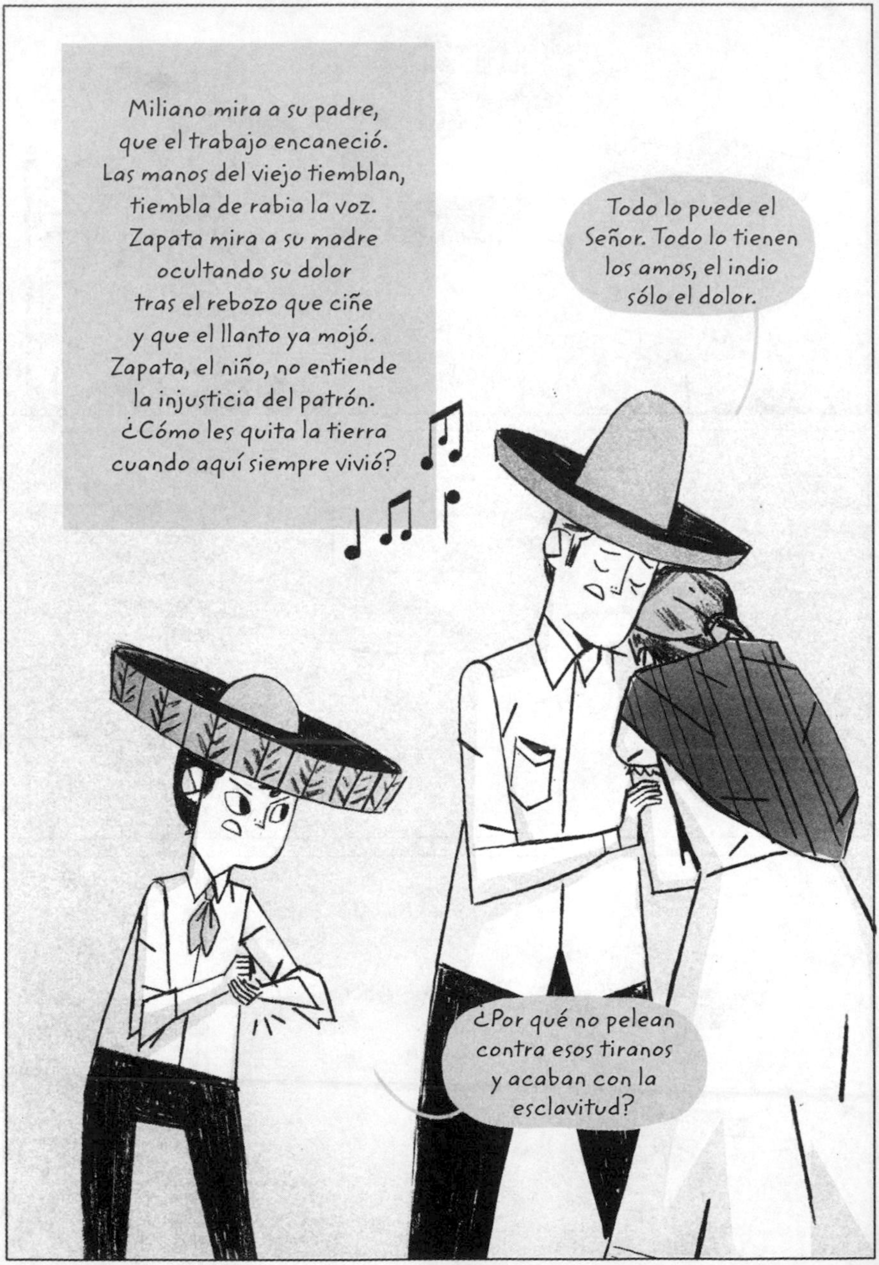
Miliano mira a su padre,
que el trabajo encaneció.
Las manos del viejo tiemblan,
tiembla de rabia la voz.
Zapata mira a su madre
ocultando su dolor
tras el rebozo que ciñe
y que el llanto ya mojó.
Zapata, el niño, no entiende
la injusticia del patrón.
¿Cómo les quita la tierra
cuando aquí siempre vivió?
Todo lo puede el Señor. Todo lo tienen los amos, el indio sólo el dolor.
¿Por qué no pelean contra esos tiranos y acaban con la esclavitud?

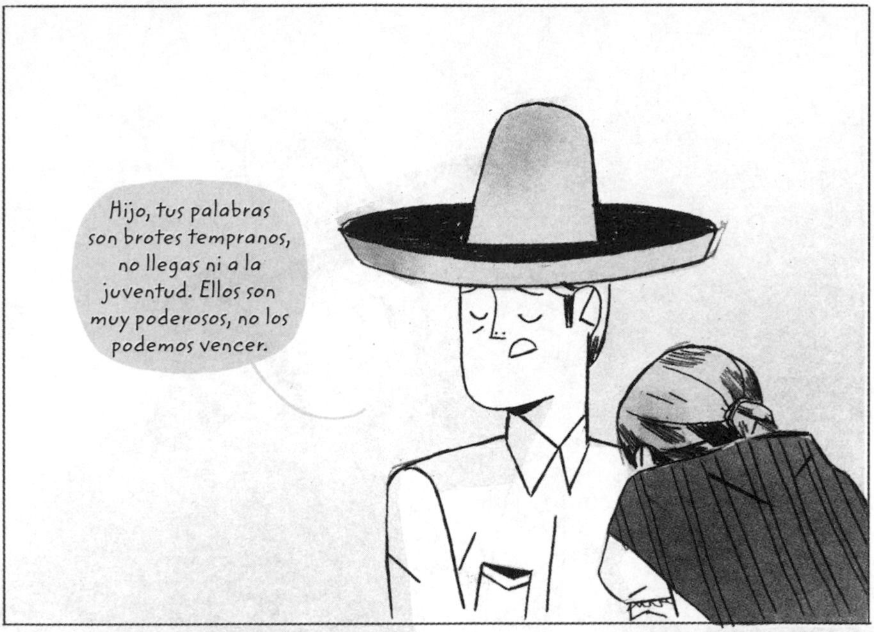
Hijo, tus palabras son brotes tempranos, no llegas ni a la juventud. Ellos son muy poderosos, no los podemos vencer.

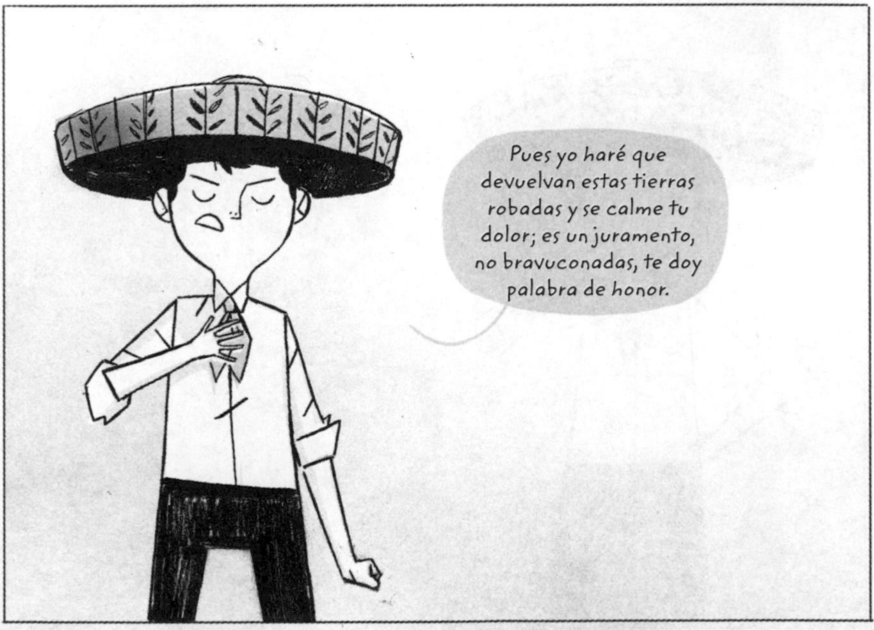
Pues yo haré que devuelvan estas tierras robadas y se calme tu dolor; es un juramento, no bravuconadas, te doy palabra de honor.

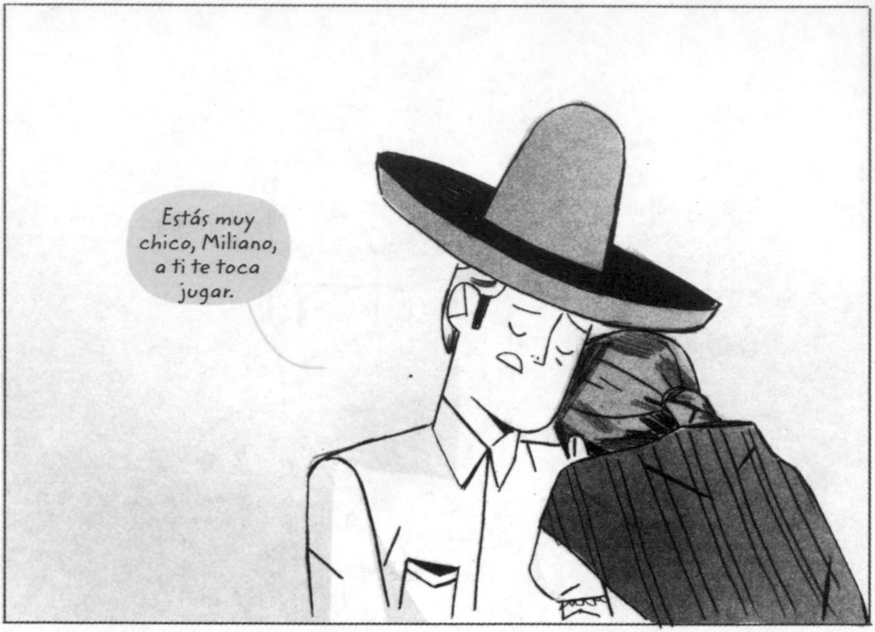
Estás muy chico, Miliano, a ti te toca jugar.

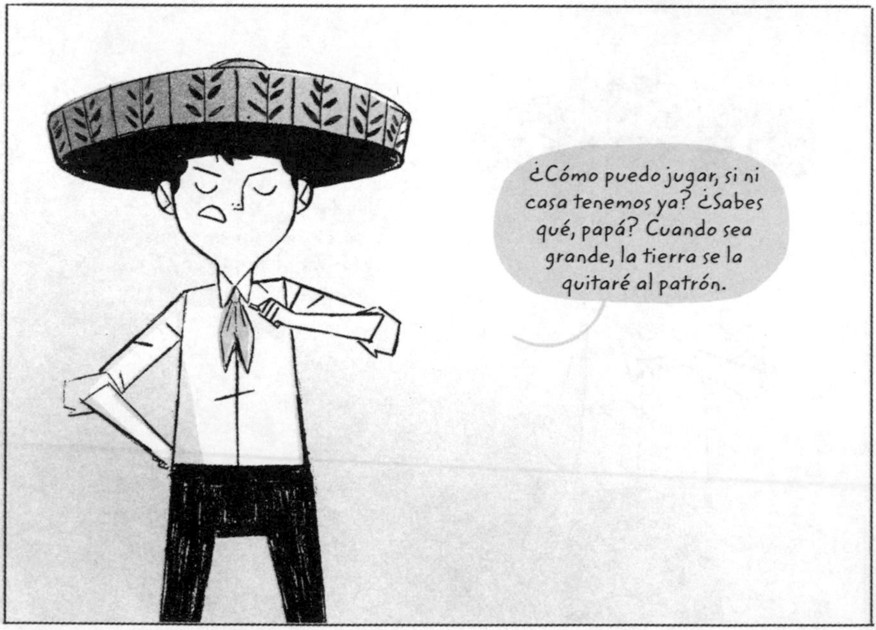
¿Cómo puedo jugar, si ni casa tenemos ya? ¿Sabes qué, papá? Cuando sea grande, la tierra se la quitaré al patrón.

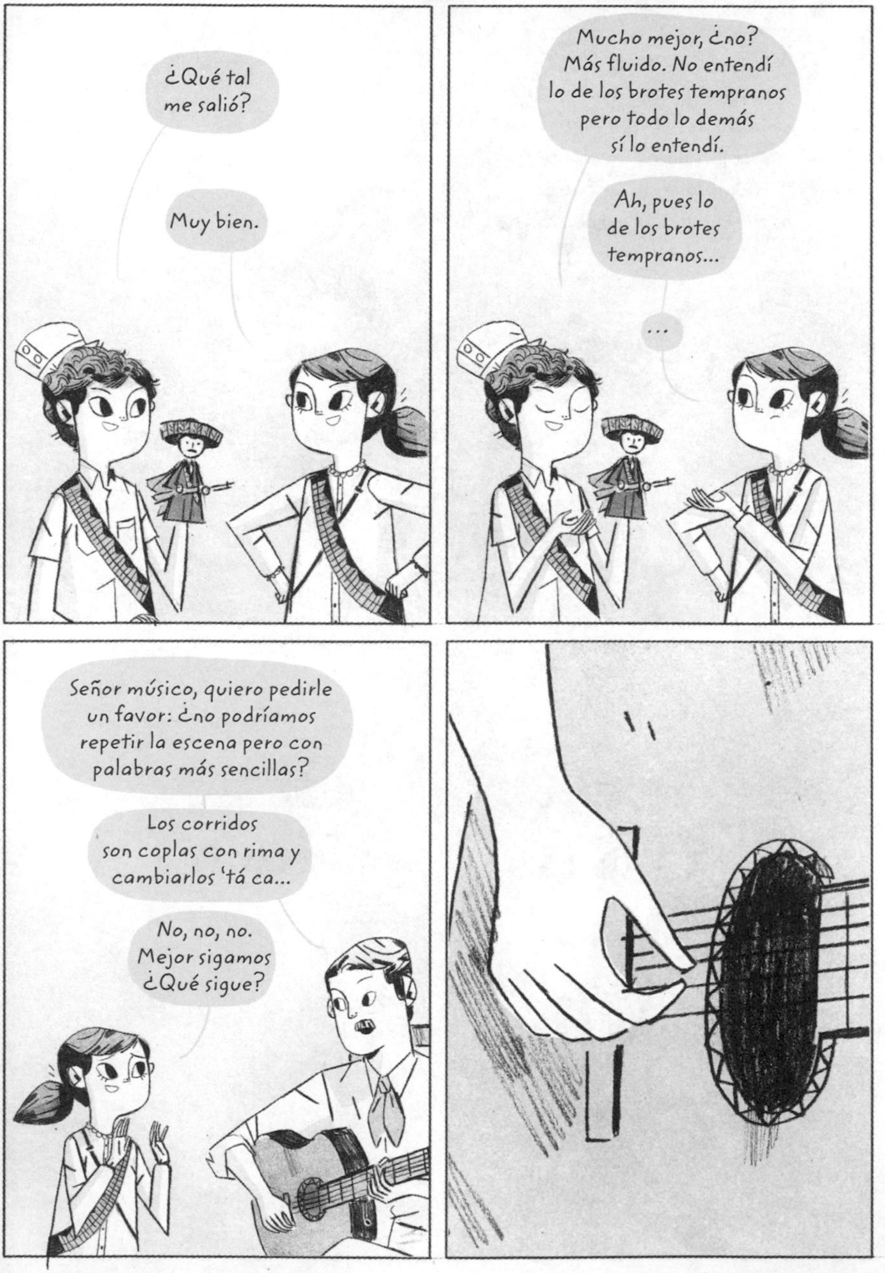
¿Qué tal me salió?
Muy bien.
Mucho mejor, ¿no? Más fluido. No entendí lo de los brotes tempranos pero todo lo demás sí lo entendí.
Ah, pues lo de los brotes tempranos...
...
Señor músico, quiero pedirle un favor: ¿no podríamos repetir la escena pero con palabras más sencillas?
Los corridos son coplas con rima y cambiarlos 'tá ca...
No, no, no. Mejor sigamos ¿Qué sigue?

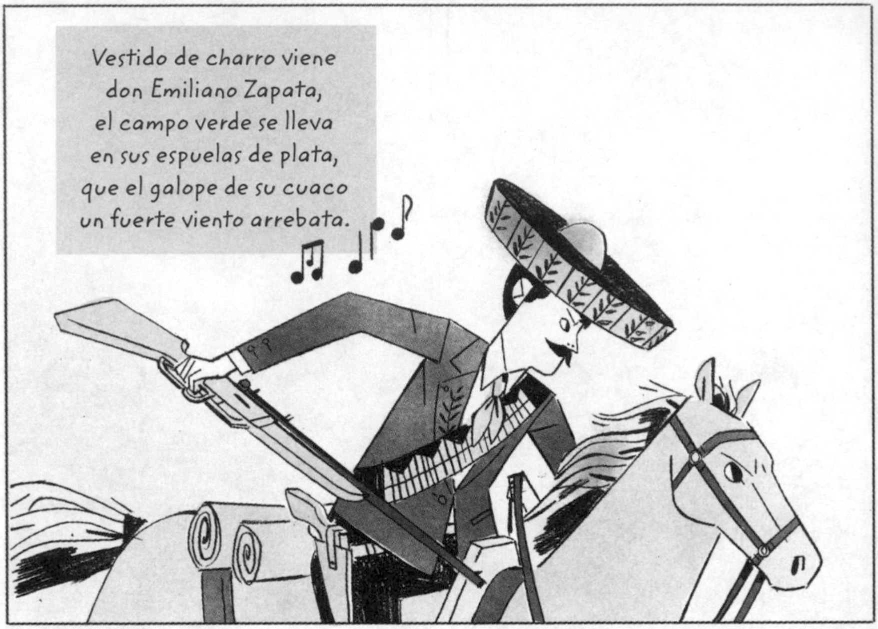
Vestido de charro viene
don Emiliano Zapata,
el campo verde se lleva
en sus espuelas de plata,
que el galope de su cuaco
un fuerte viento arrebata.

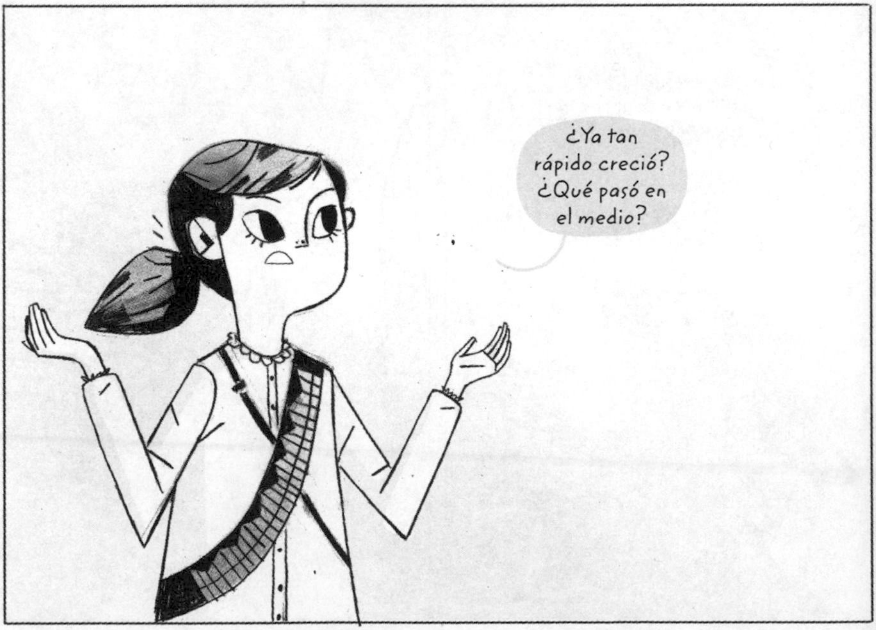
¿Ya tan rápido creció? ¿Qué pasó en el medio?

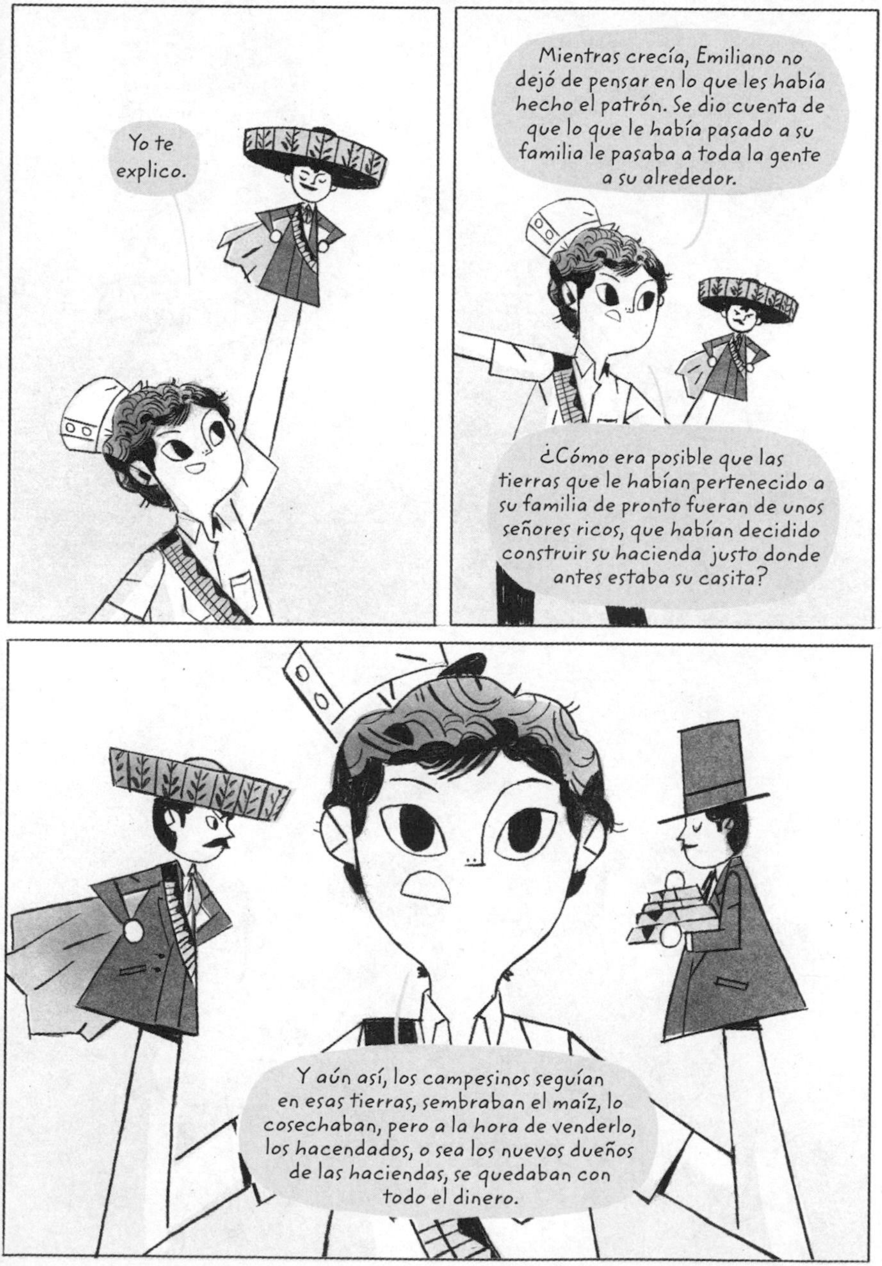
Yo te explico.
Mientras crecía, Emiliano no dejó de pensar en lo que les había hecho el patrón. Se dio cuenta de que lo que le había pasado a su familia le pasaba a toda la gente a su alrededor.
¿Cómo era posible que las tierras que le habían pertenecido a su familia de pronto fueran de unos señores ricos, que habían decidido construir su hacienda justo donde antes estaba su casita?
Y aún así, los campesinos seguían en esas tierras, sembraban el maíz, lo cosechaban, pero a la hora de venderlo, los hacendados, o sea los nuevos dueños de las haciendas, se quedaban con todo el dinero.

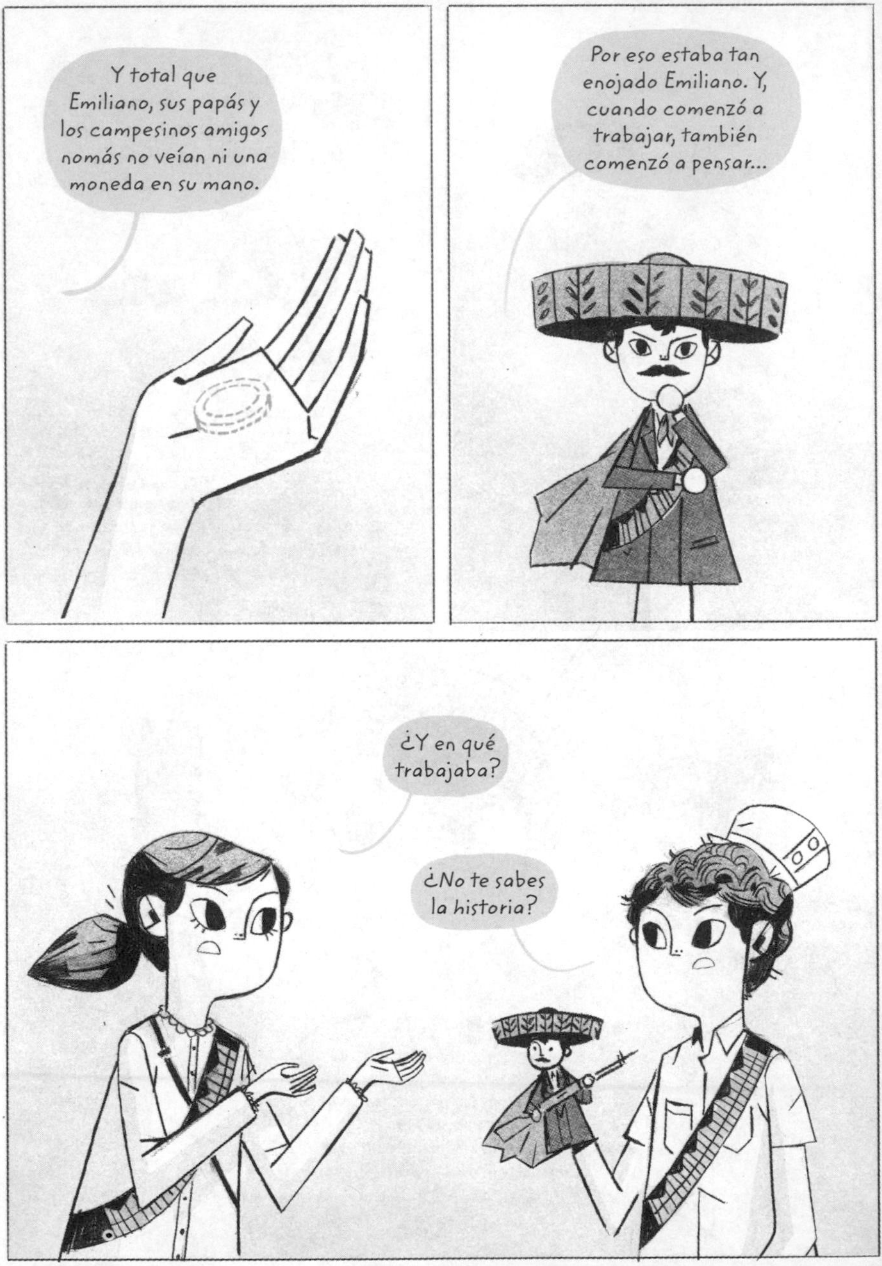
Y total que Emiliano, sus papás y los campesinos amigos nomás no veían ni una moneda en su mano.
Por eso estaba tan enojado Emiliano. Y, cuando comenzó a trabajar, también comenzó a pensar...
¿Y en qué trabajaba?
¿No te sabes la historia?

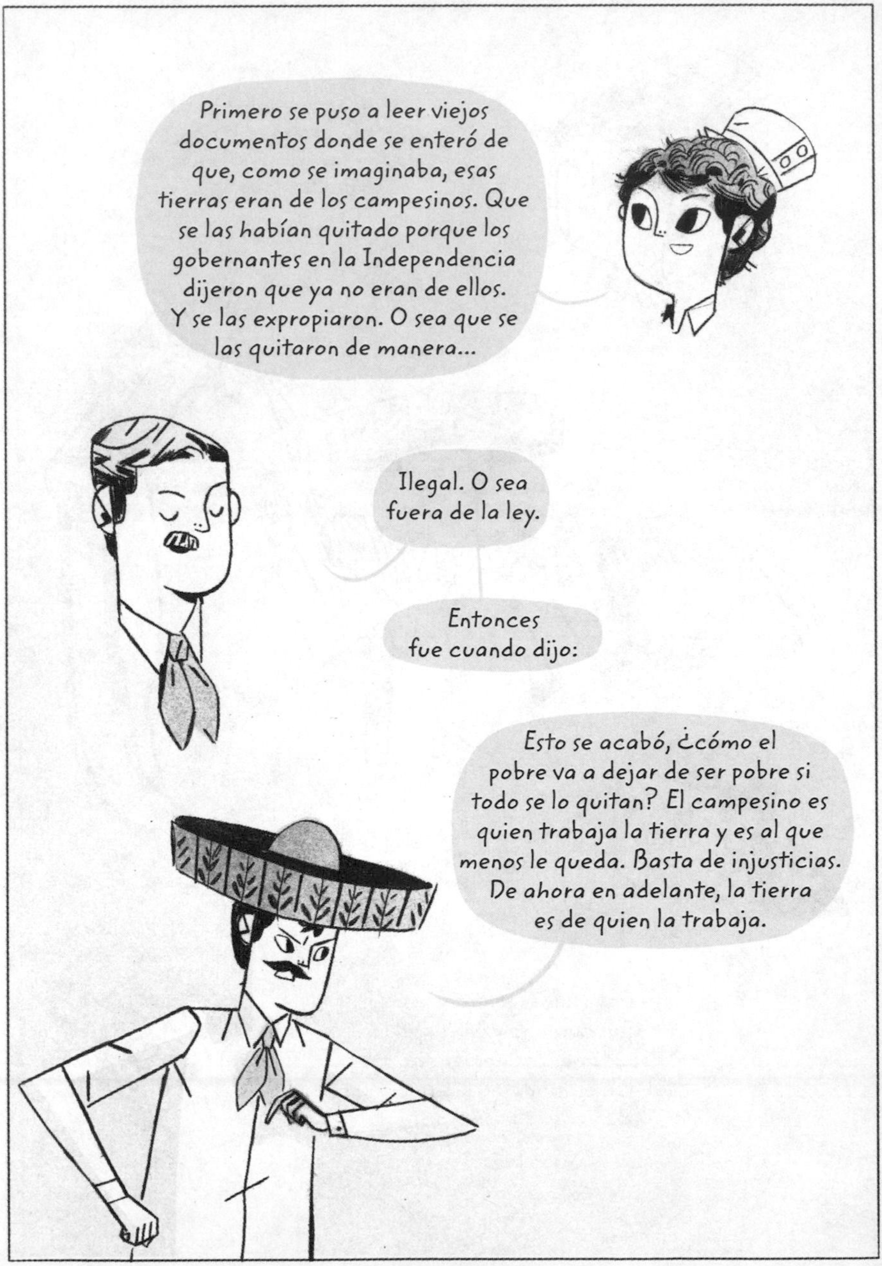
Primero se puso a leer viejos documentos donde se enteró de que, como se imaginaba, esas tierras eran de los campesinos. Que se las habían quitado porque los gobernantes en la Independencia dijeron que ya no eran de ellos. Y se las expropiaron. O sea que se las quitaron de manera...
Ilegal. O sea fuera de la ley.
Entonces fue cuando dijo:
Esto se acabó, ¿cómo el pobre va a dejar de ser pobre si todo se lo quitan? El campesino es quien trabaja la tierra y es al que menos le queda. Basta de injusticias. De ahora en adelante, la tierra es de quien la trabaja.

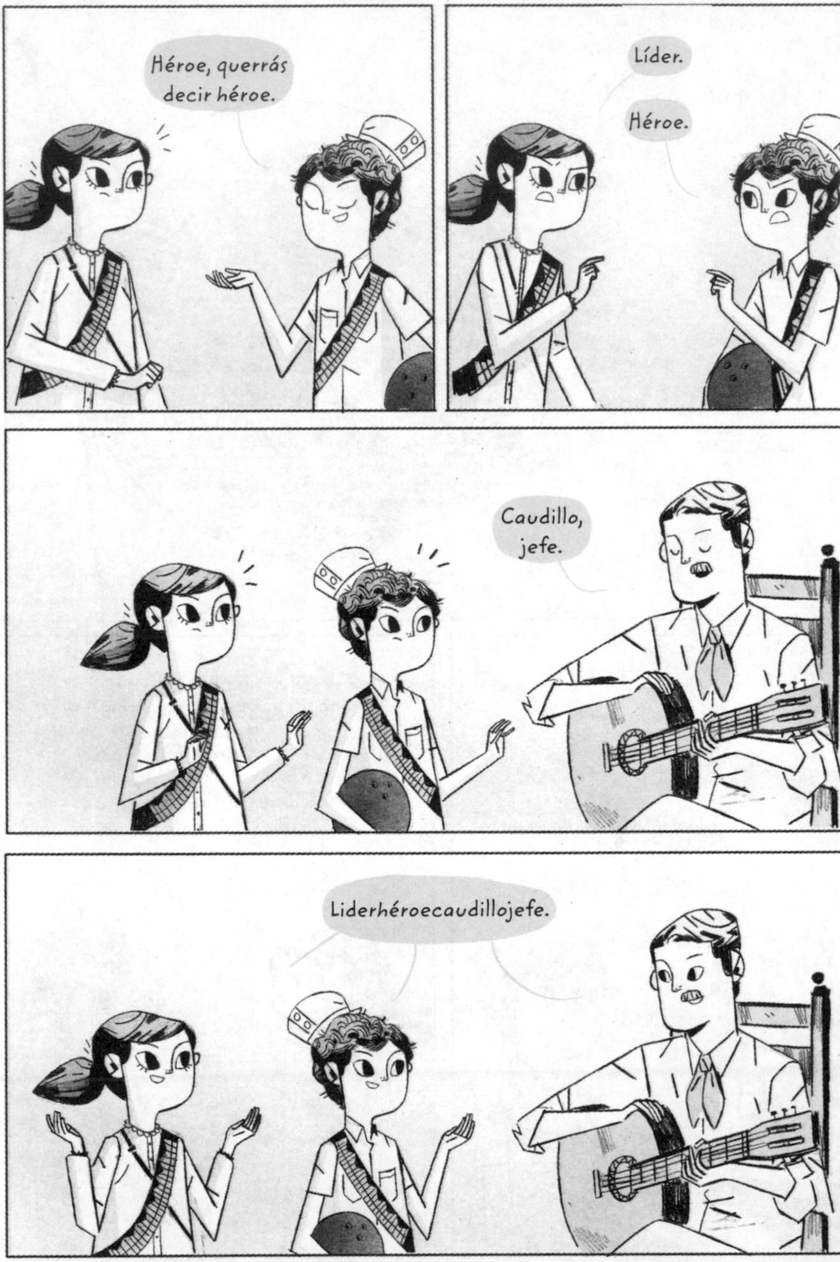
Héroe, querrás decir héroe.
Líder.
Héroe.
Caudillo, jefe.
Liderhéroecaudillojefe.

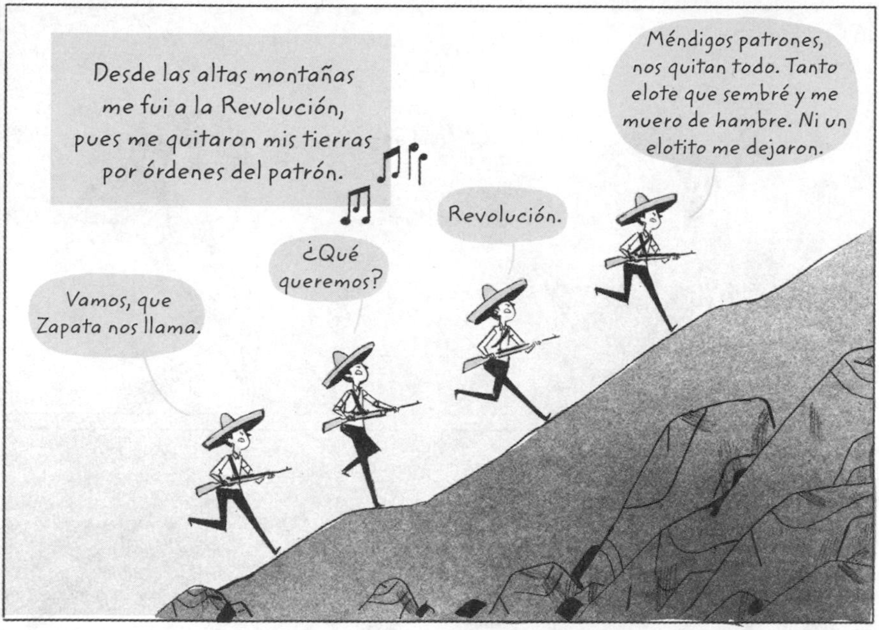
Desde las altas montañas
me fui a la Revolución,
pues me quitaron mis tierras
por órdenes del patrón.
Méndigos patrones, nos quitan todo. Tanto elote que sembré y me muero de hambre. Ni un elotito me dejaron.
Revolución.
¿Qué queremos?
Vamos, que Zapata nos llama.

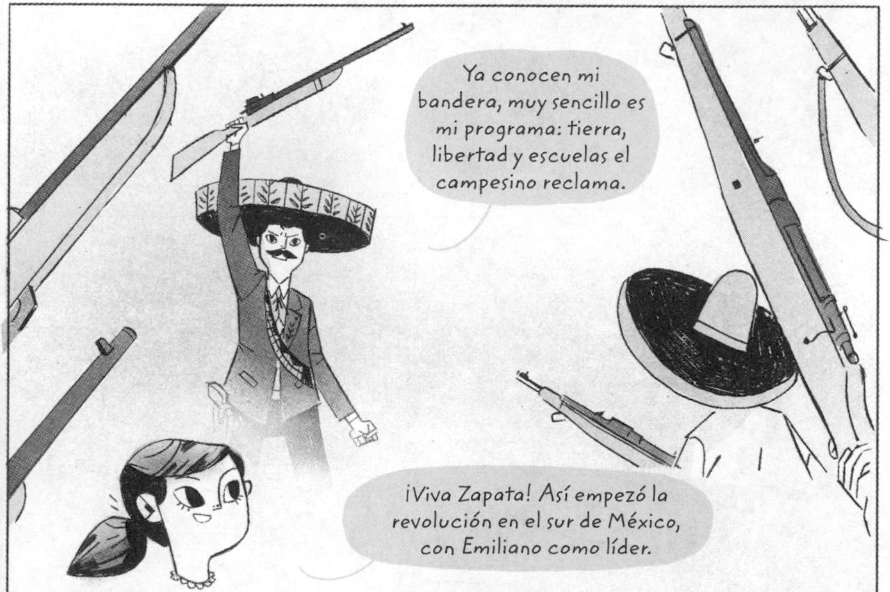
Ya conocen mi bandera, muy sencillo es mi programa: tierra, libertad y escuelas el campesino reclama.
¡Viva Zapata! Así empezó la revolución en el sur de México, con Emiliano como líder.

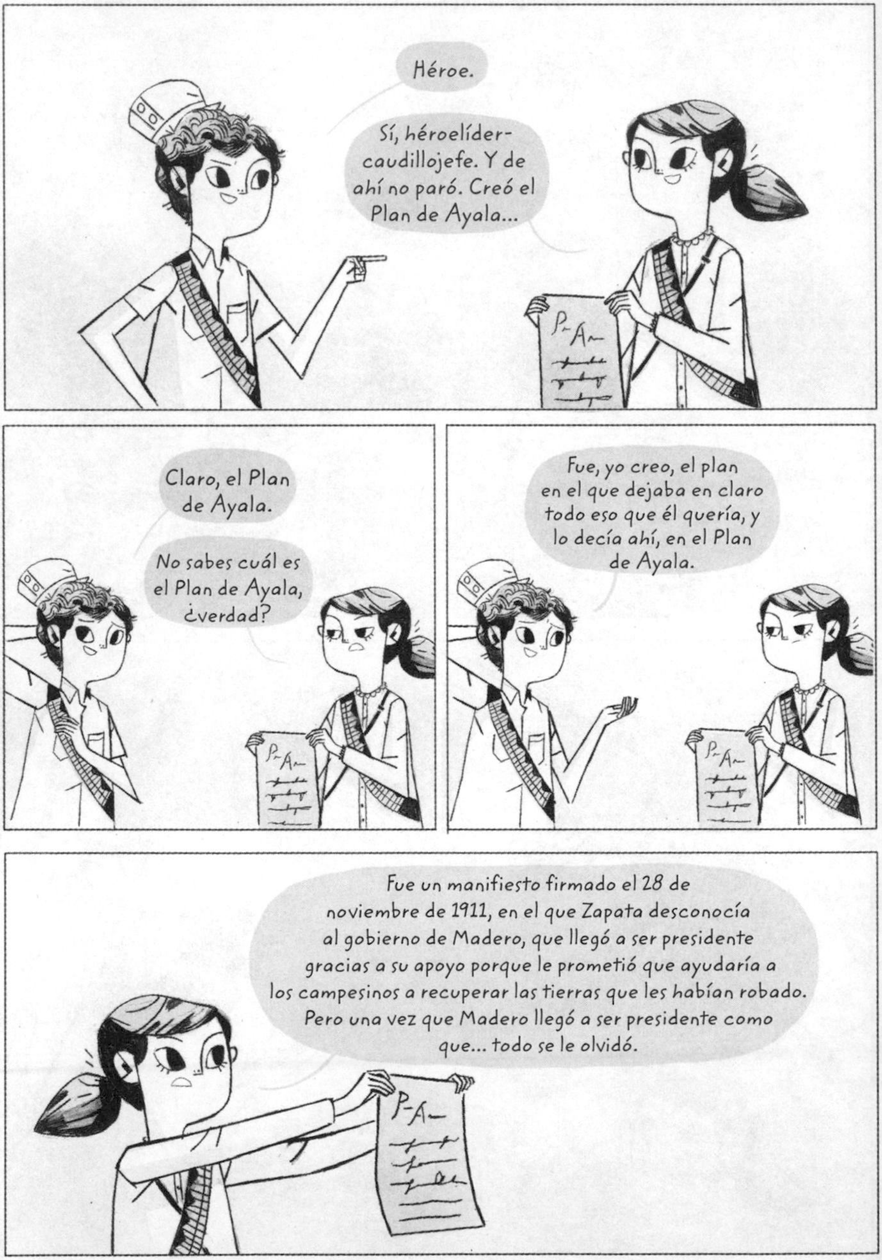
Héroe.
Sí, héroelíder-caudillojefe. Y de ahí no paró. Creó el Plan de Ayala...
Claro, el Plan de Ayala.
No sabes cuál es el Plan de Ayala, ¿verdad?
Fue, yo creo, el plan en el que dejaba en claro todo eso que él quería, y lo decía ahí, en el Plan de Ayala.
Fue un manifiesto firmado el 28 de noviembre de 1911, en el que Zapata desconocía al gobierno de Madero, que llegó a ser presidente gracias a su apoyo porque le prometió que ayudaría a los campesinos a recuperar las tierras que les habían robado. Pero una vez que Madero llegó a ser presidente como que... todo se le olvidó.

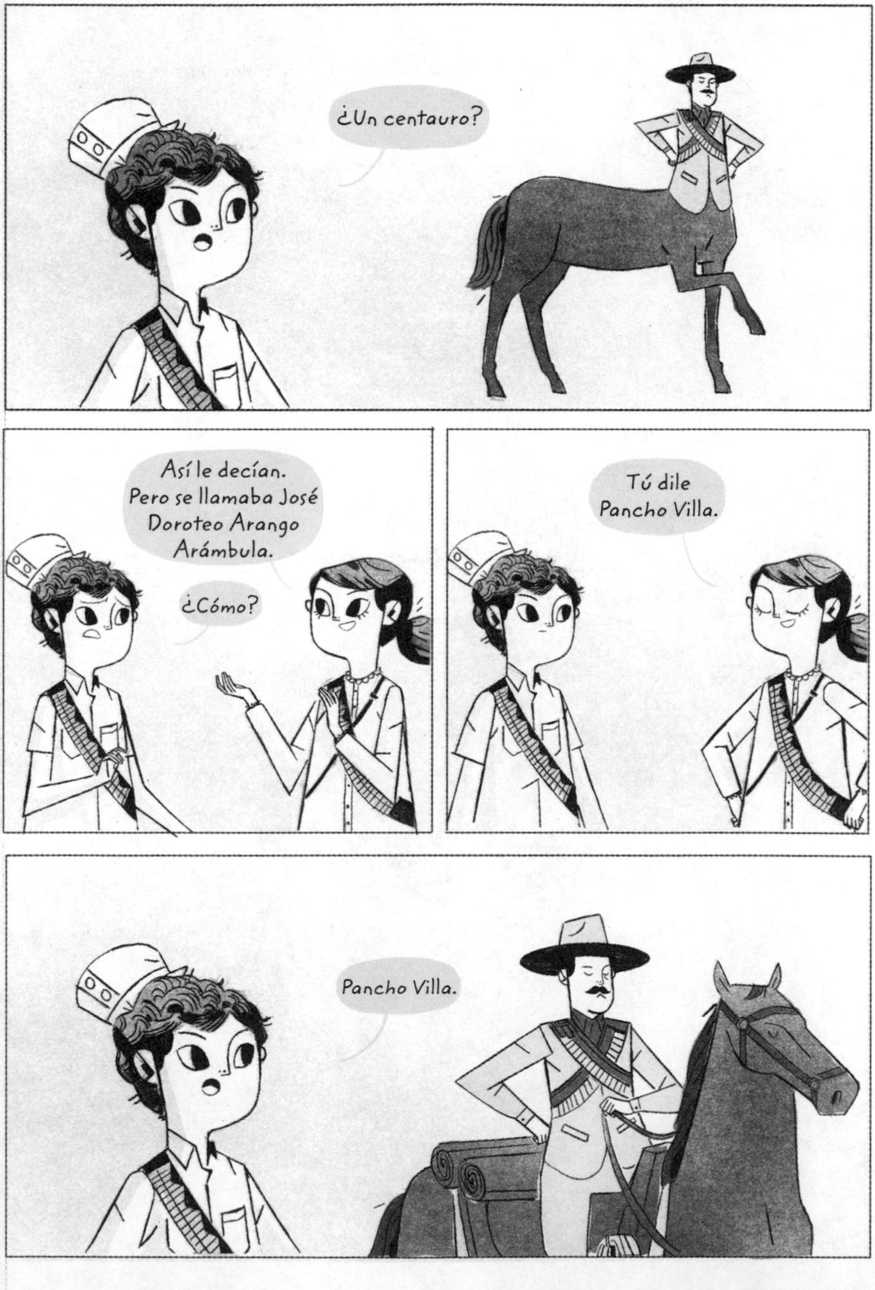
¿Un centauro?
Así le decían. Pero se llamaba José Doroteo Arango Arámbula.
¿Cómo?
Tú dile Pancho Villa.
Pancho Villa.

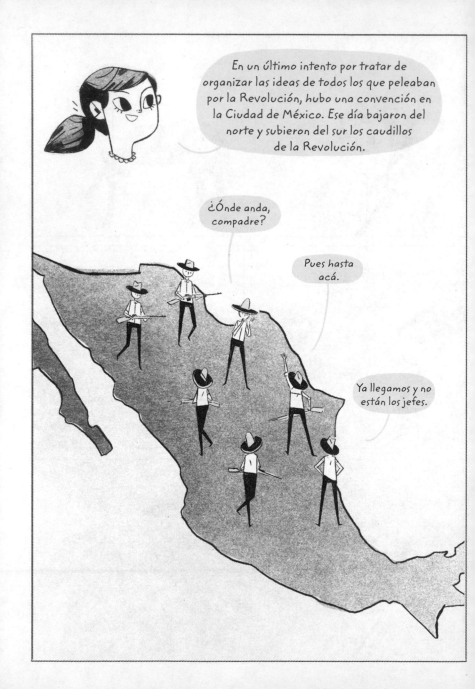

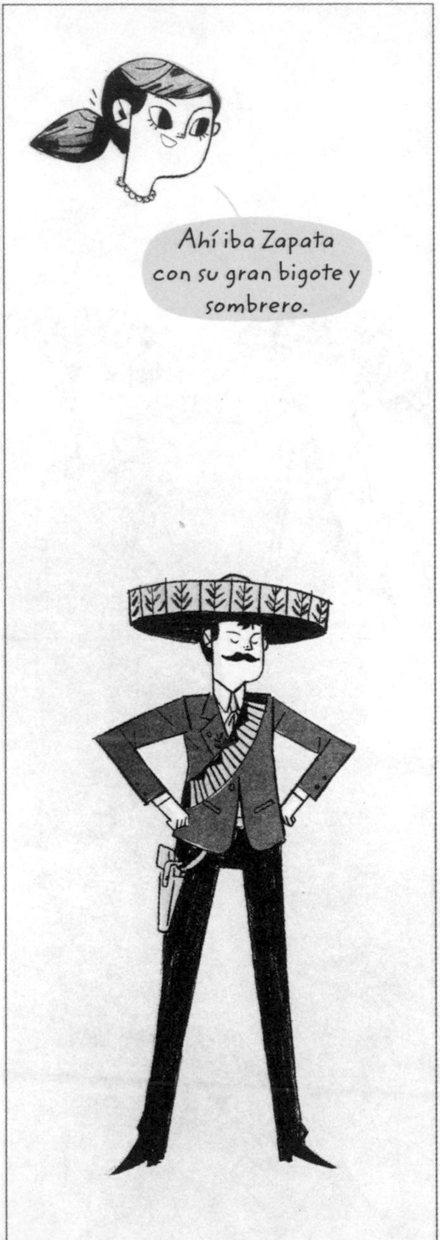
Ahí iba Zapata con su gran bigote y sombrero.

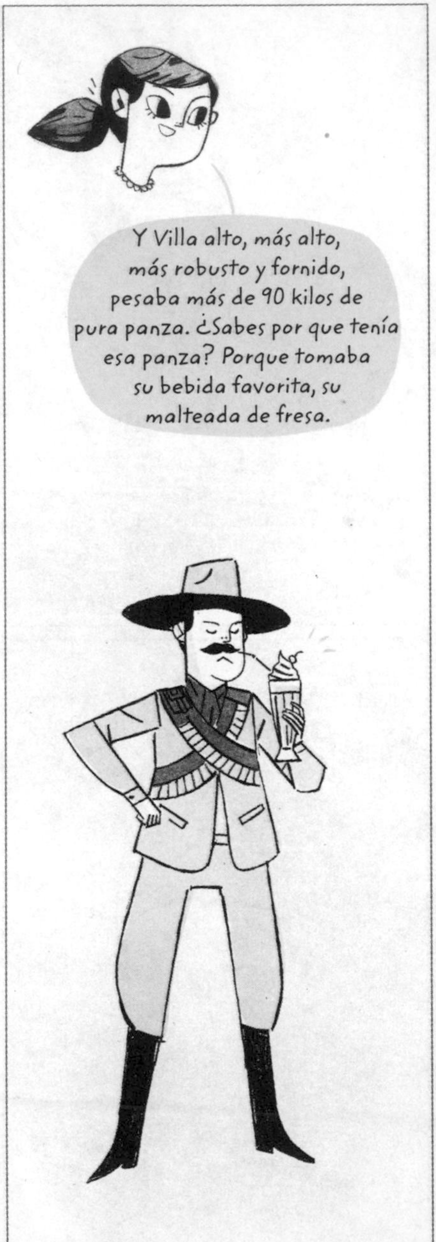
Y Villa alto, más alto, más robusto y fornido, pesaba más de 90 kilos de pura panza. ¿Sabes por que tenía esa panza? Porque tomaba su bebida favorita, su malteada de fresa.

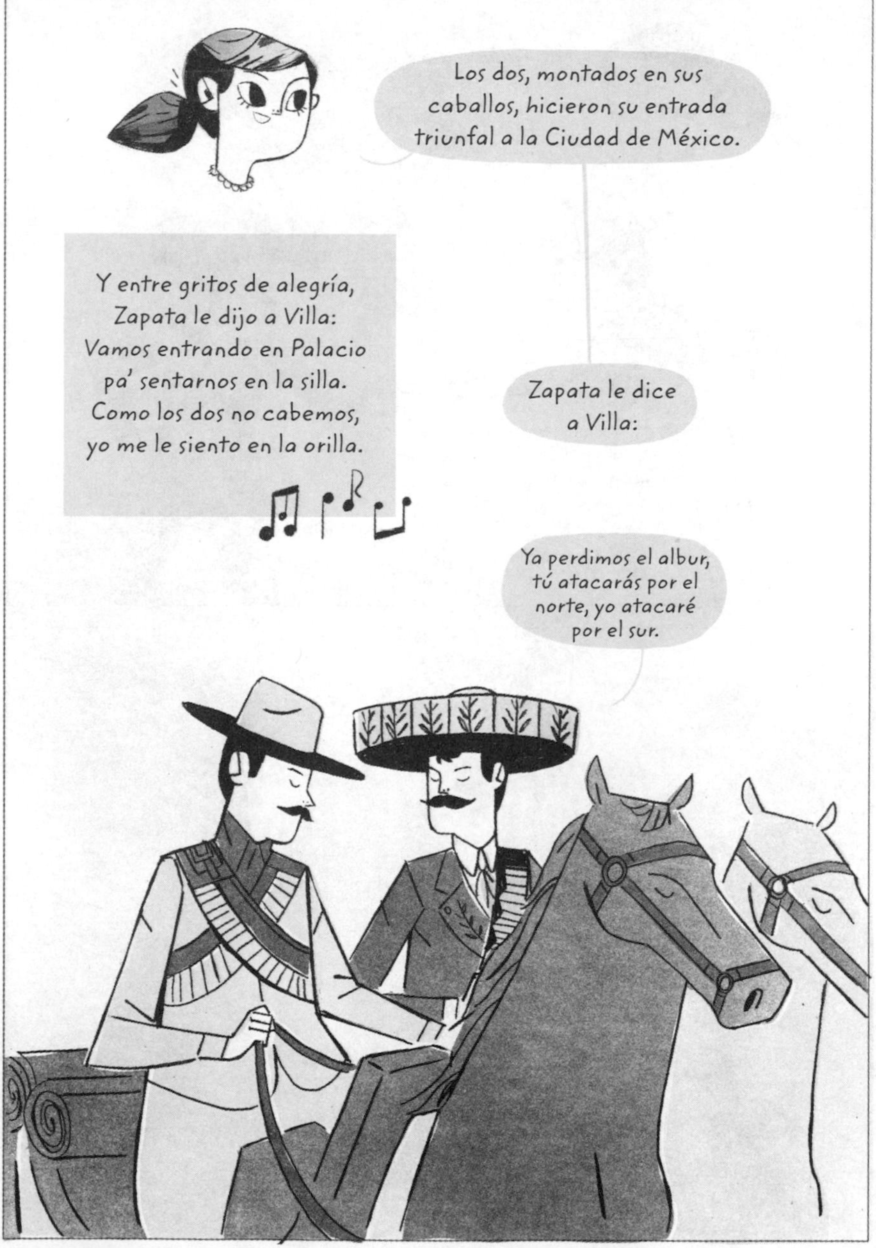
Los dos, montados en sus caballos, hicieron su entrada triunfal a la Ciudad de México.
Y entre gritos de alegría,
Zapata le dijo a Villa:
Vamos entrando en Palacio
pa' sentarnos en la silla.
Como los dos no cabemos,
yo me le siento en la orilla.
Zapata le dice a Villa:
Ya perdimos el albur, tú atacarás por el norte, yo atacaré por el sur.

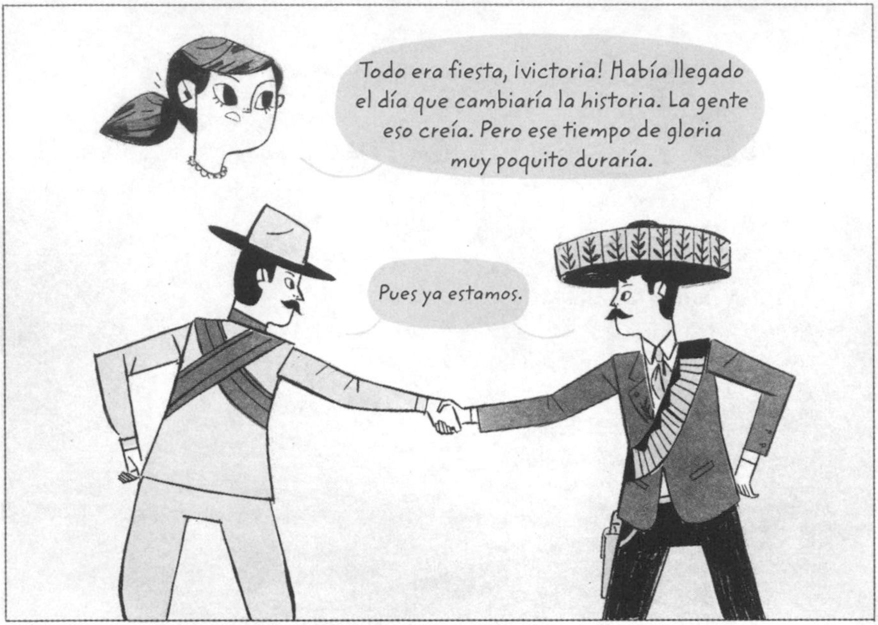
Todo era fiesta, ¡victoria! Había llegado el día que cambiaría la historia. La gente eso creía. Pero ese tiempo de gloria muy poquito duraría.
Pues ya estamos.

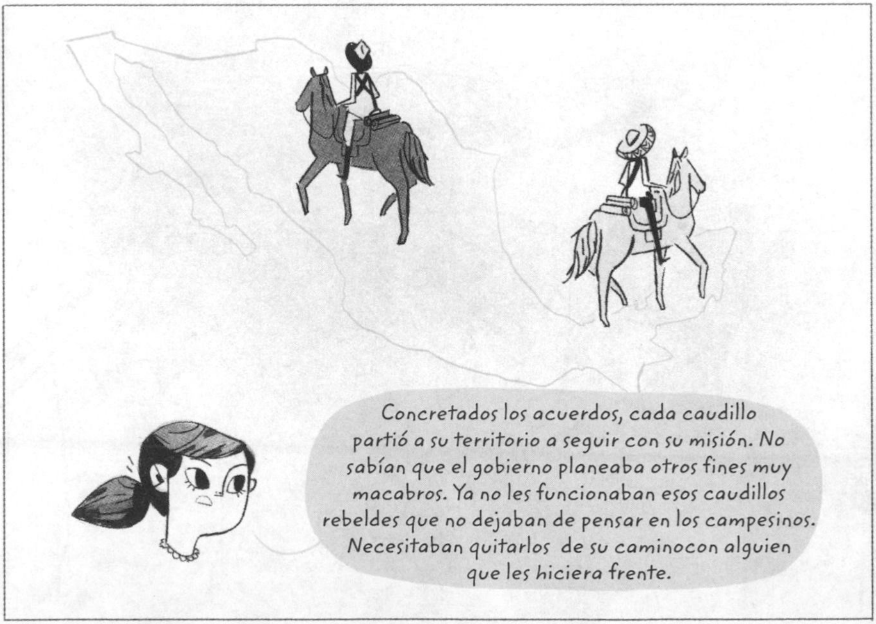
Concretados los acuerdos, cada caudillo partió a su territorio a seguir con su misión. No sabían que el gobierno planeaba otros fines muy macabros. Ya no les funcionaban esos caudillos rebeldes que no dejaban de pensar en los campesinos. Necesitaban quitarlos de su caminocon alguien que les hiciera frente.

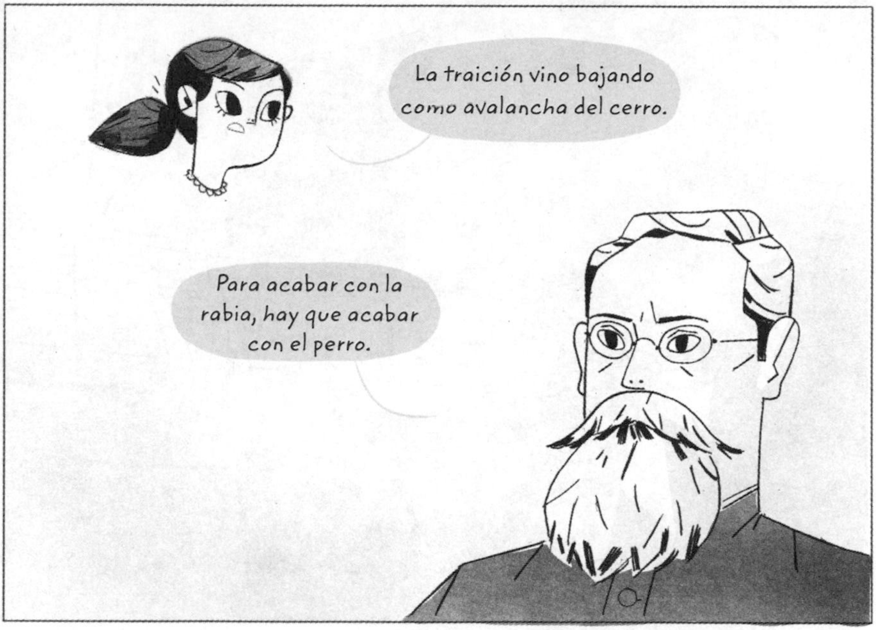
La traición vino bajando como avalancha del cerro.
Para acabar con la rabia, hay que acabar con el perro.

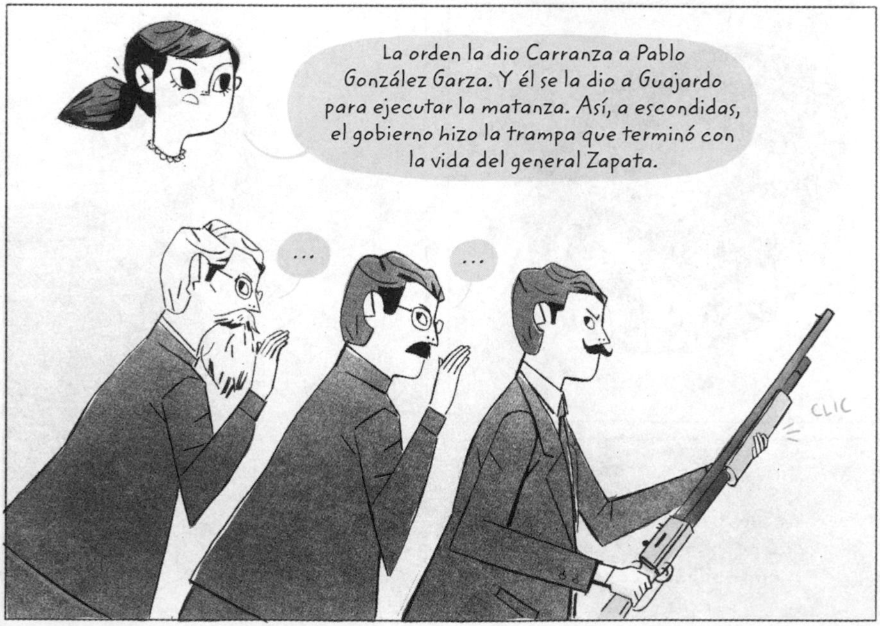
La orden la dio Carranza a Pablo González Garza. Y él se la dio a Guajardo para ejecutar la matanza. Así, a escondidas, el gobierno hizo la trampa que terminó con la vida del general Zapata.
...
...
CLIC

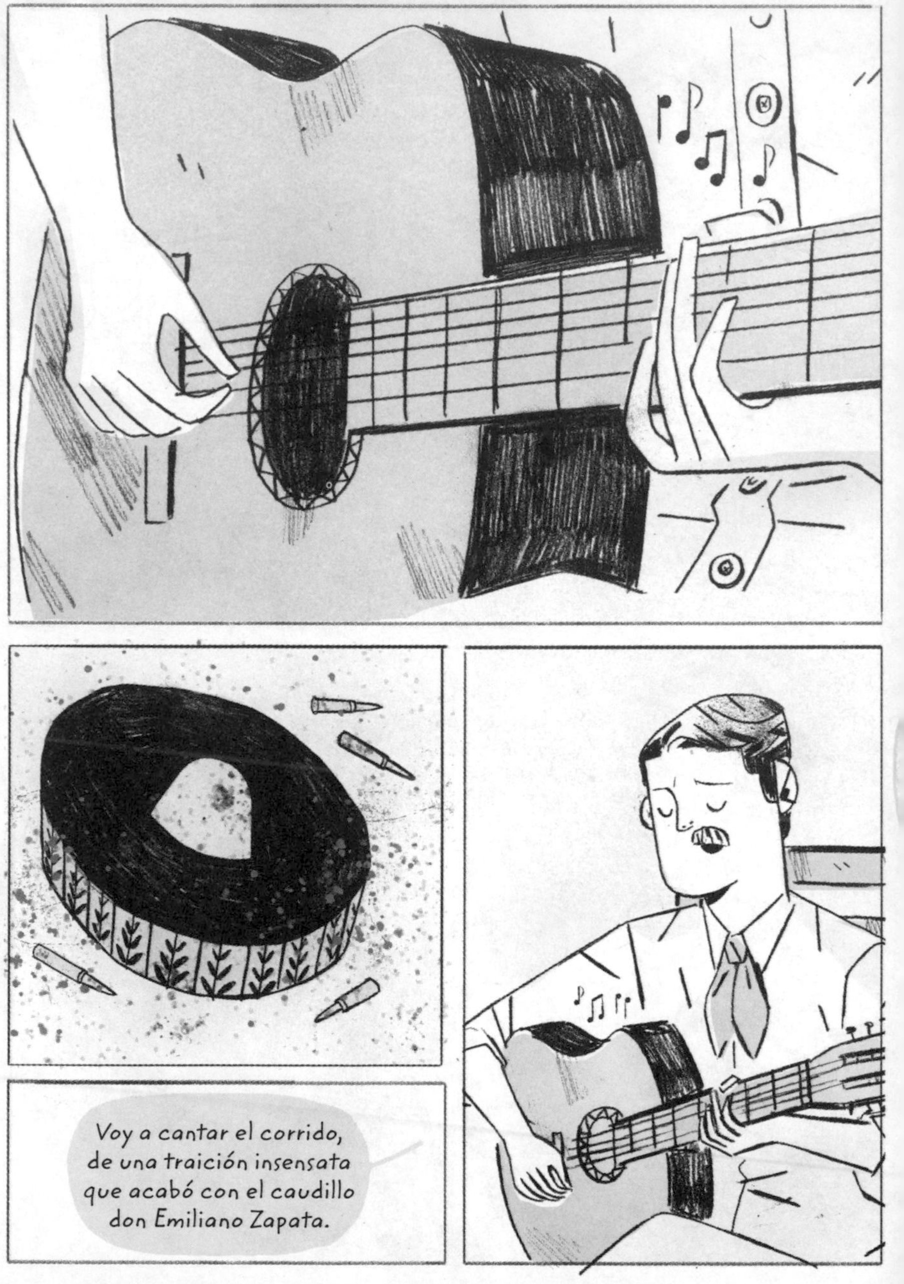
Voy a cantar el corrido, de una traición insensata que acabó con el caudillo don Emiliano Zapata.

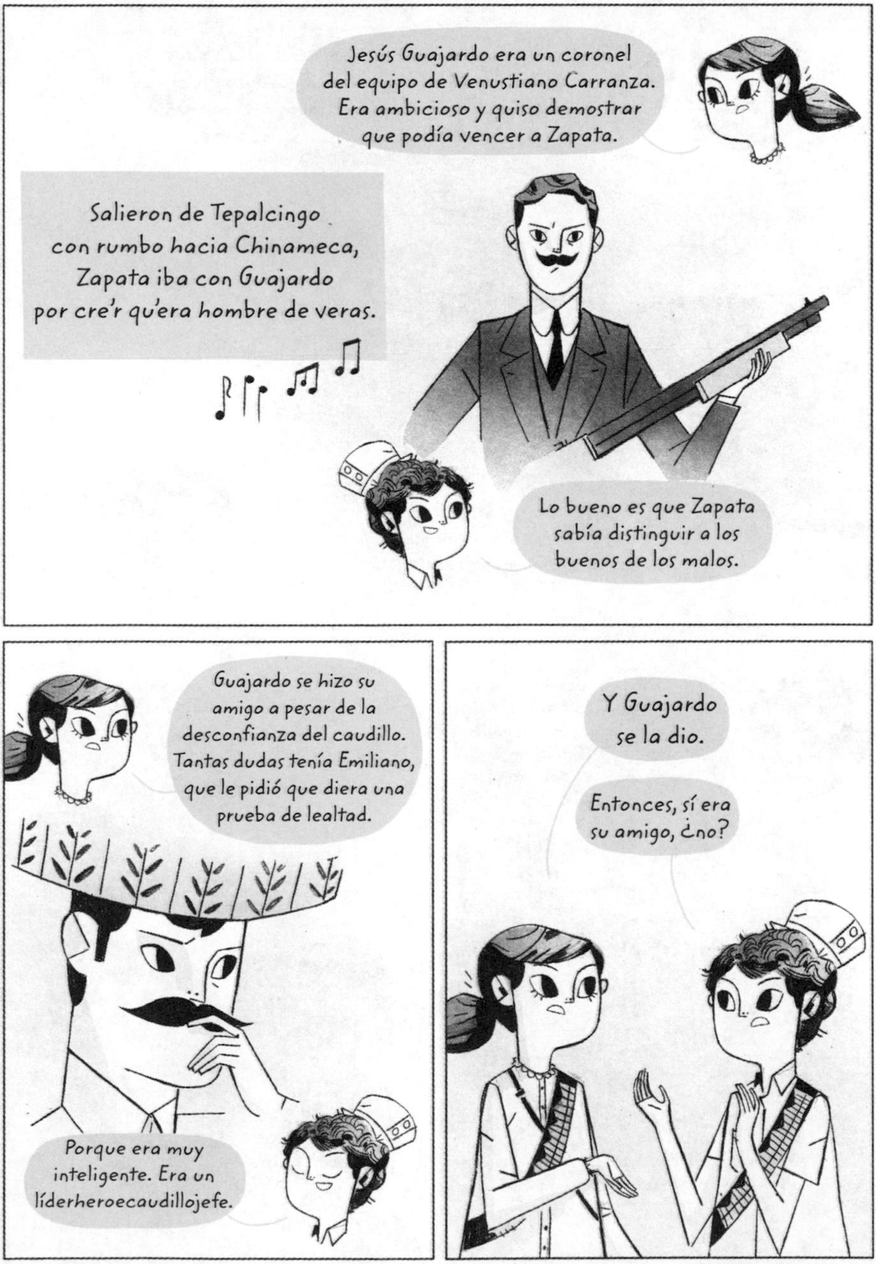
Jesús Guajardo era un coronel del equipo de Venustiano Carranza. Era ambicioso y quiso demostrar que podía vencer a Zapata.
Salieron de Tepalcingo con rumbo hacia Chinameca, Zapata iba con Guajardo por cre'r qu'era hombre de veras.
Lo bueno es que Zapata sabía distinguir a los buenos de los malos.
Guajardo se hizo su amigo a pesar de la desconfianza del caudillo. Tantas dudas tenía Emiliano, que le pidió que diera una prueba de lealtad.
Porque era muy inteligente. Era un líderheroecaudillojefe.
Y Guajardo se la dio.
Entonces, sí era su amigo, ¿no?

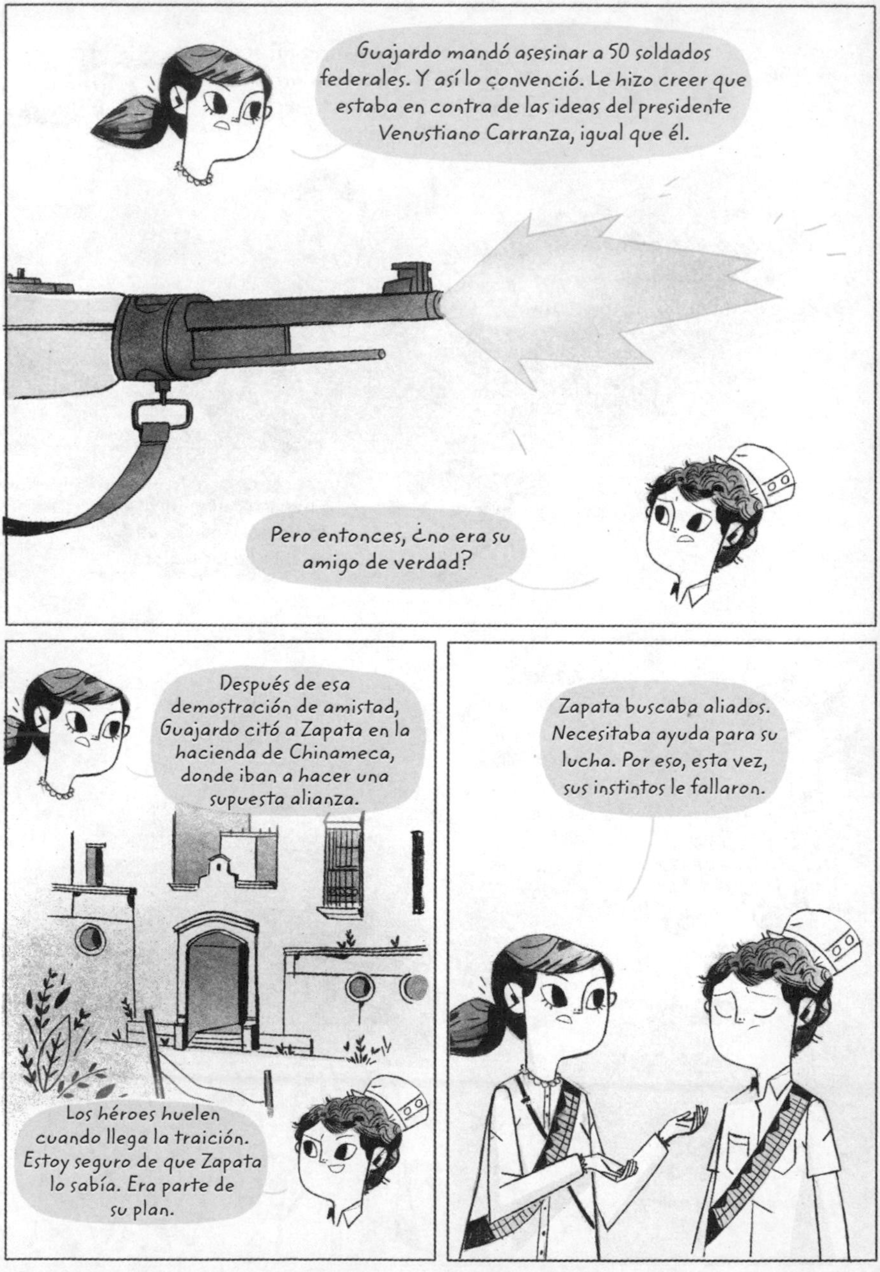
Guajardo mandó asesinar a 50 soldados federales. Y así lo convenció. Le hizo creer que estaba en contra de las ideas del presidente Venustiano Carranza, igual que él.
Pero entonces, ¿no era su amigo de verdad?
Después de esa demostración de amistad, Guajardo citó a Zapata en la hacienda de Chinameca, donde iban a hacer una supuesta alianza.
Los héroes huelen cuando llega la traición. Estoy seguro de que Zapata lo sabía. Era parte de su plan.
Zapata buscaba aliados. Necesitaba ayuda para su lucha. Por eso, esta vez, sus instintos le fallaron.

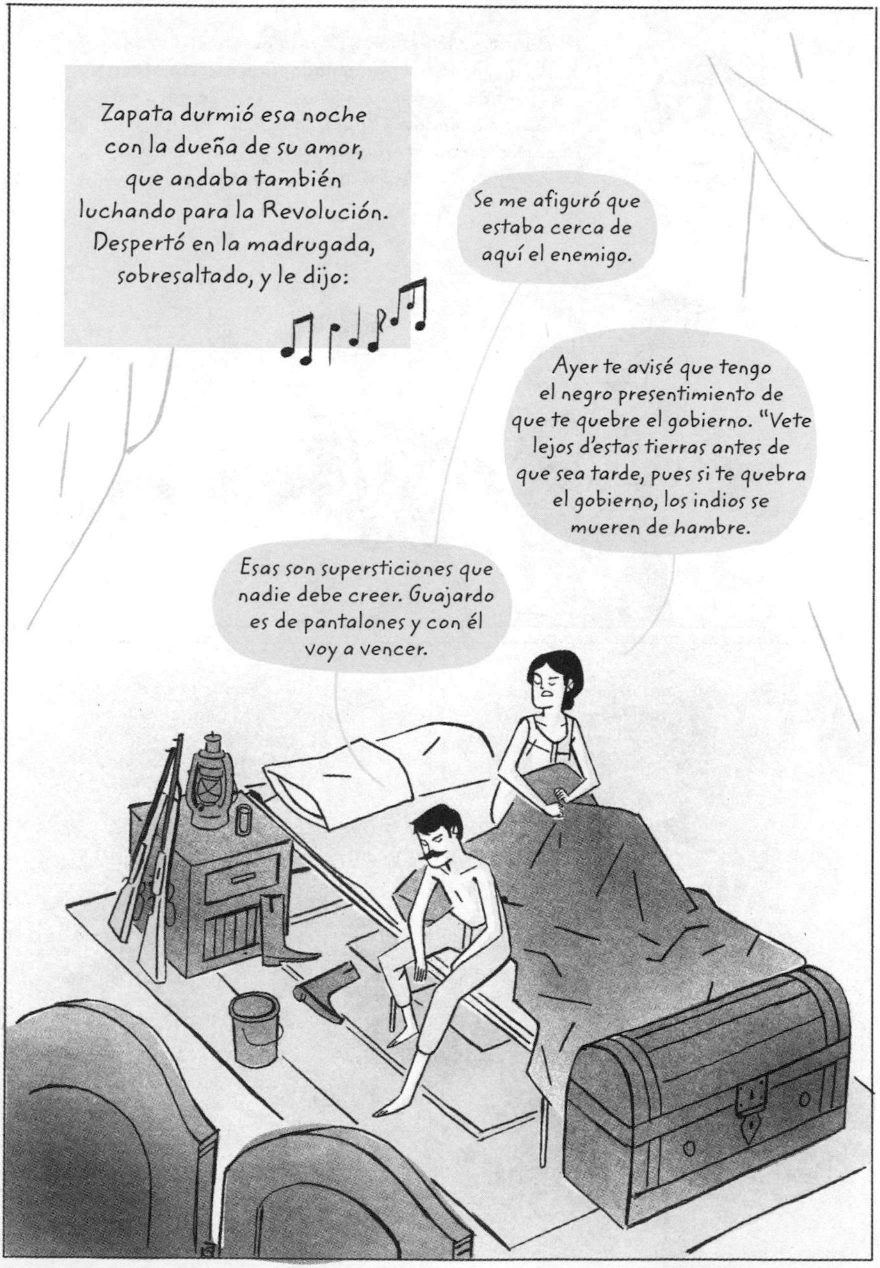

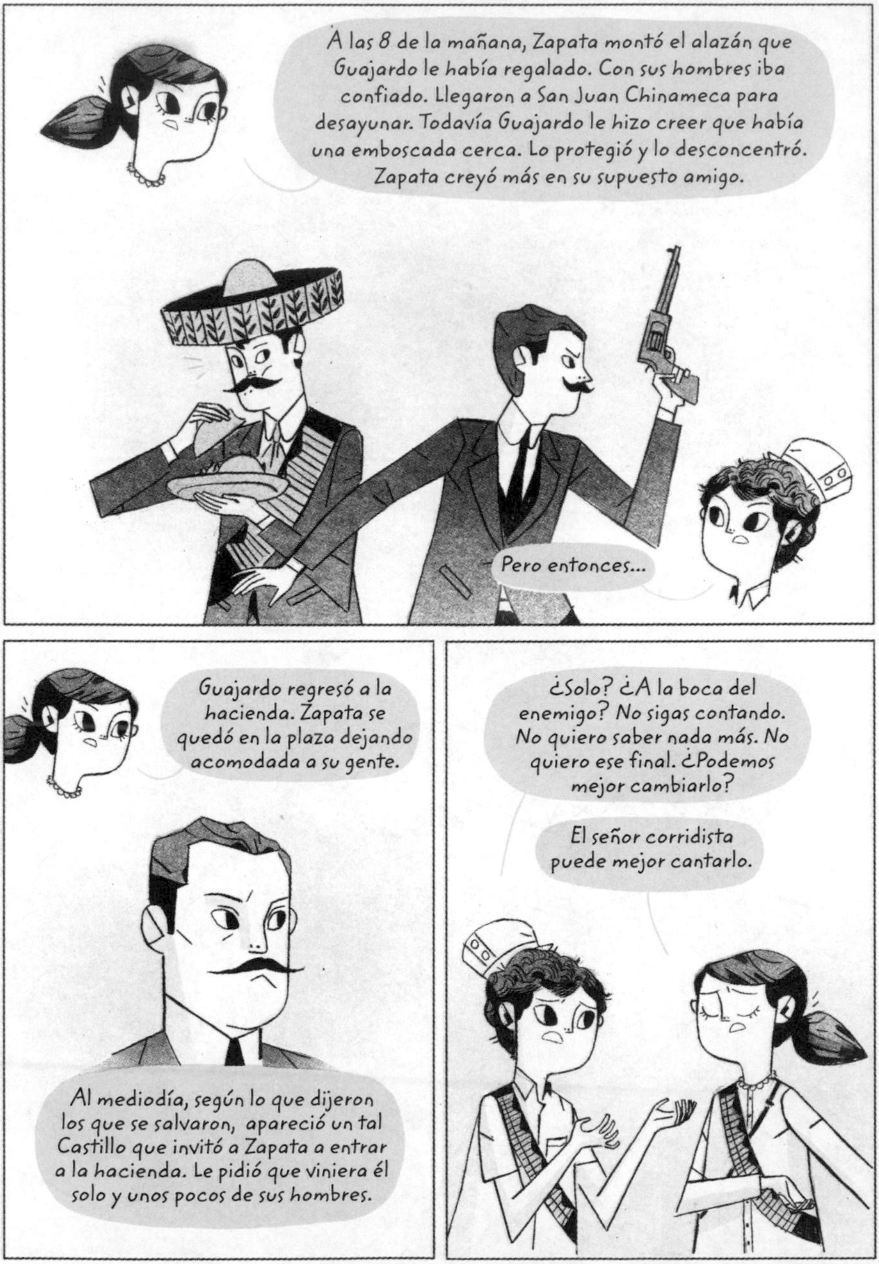
A las 8 de la mañana, Zapata montó el alazán que Guajardo le había regalado. Con sus hombres iba confiado. Llegaron a San Juan Chinameca para desayunar. Todavía Guajardo le hizo creer que había una emboscada cerca. Lo protegió y lo desconcentró. Zapata creyó más en su supuesto amigo.
Pero entonces...
Guajardo regresó a la hacienda. Zapata se quedó en la plaza dejando acomodada a su gente.
Al mediodía, según lo que dijeron los que se salvaron, apareció un tal Castillo que invitó a Zapata a entrar a la hacienda. Le pidió que viniera él solo y unos pocos de sus hombres.
¿Solo? ¿A la boca del enemigo? No sigas contando. No quiero saber nada más. No quiero ese final. ¿Podemos mejor cambiarlo?
El señor corridista puede mejor cantarlo.

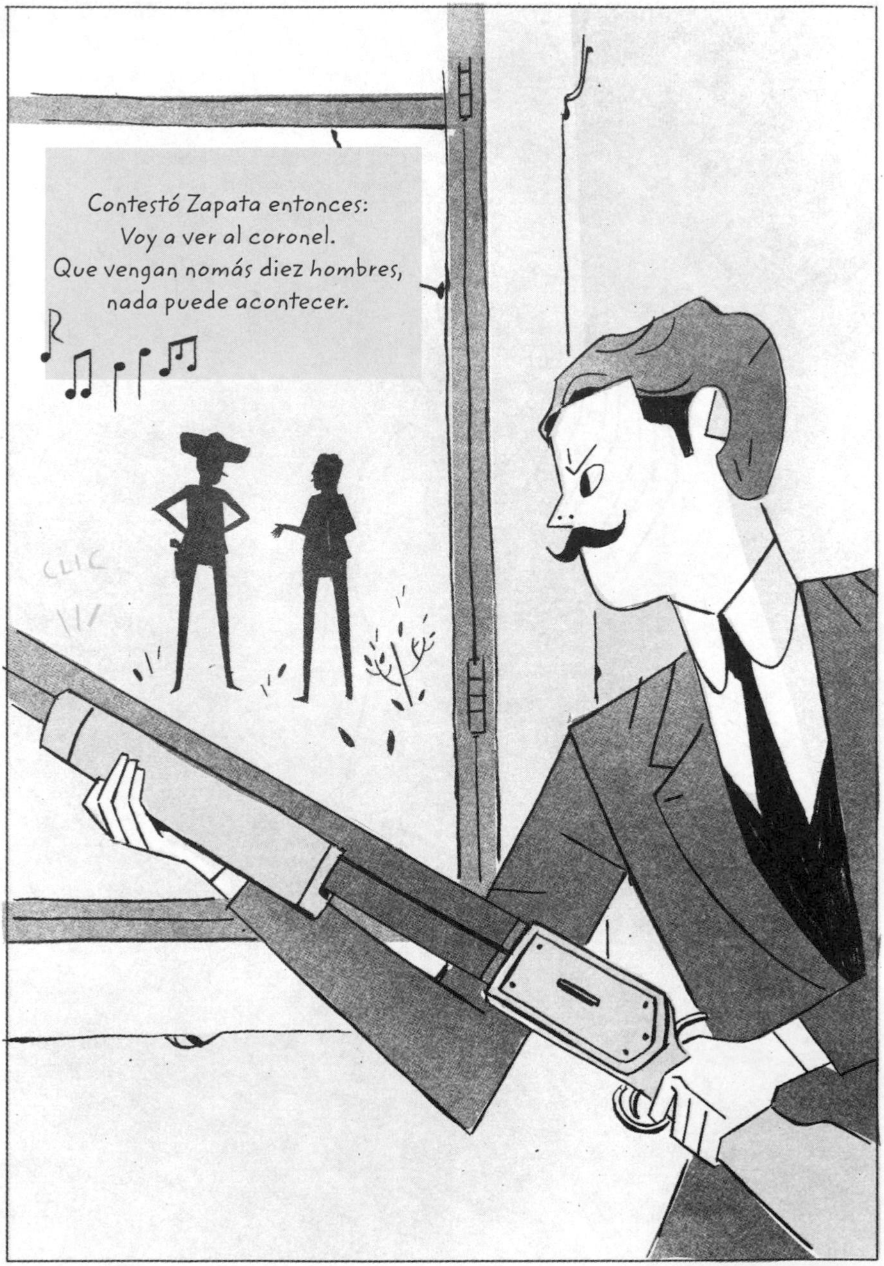
Contestó Zapata entonces:
Voy a ver al coronel.
Que vengan nomás diez hombres,
nada puede acontecer.
CLIC

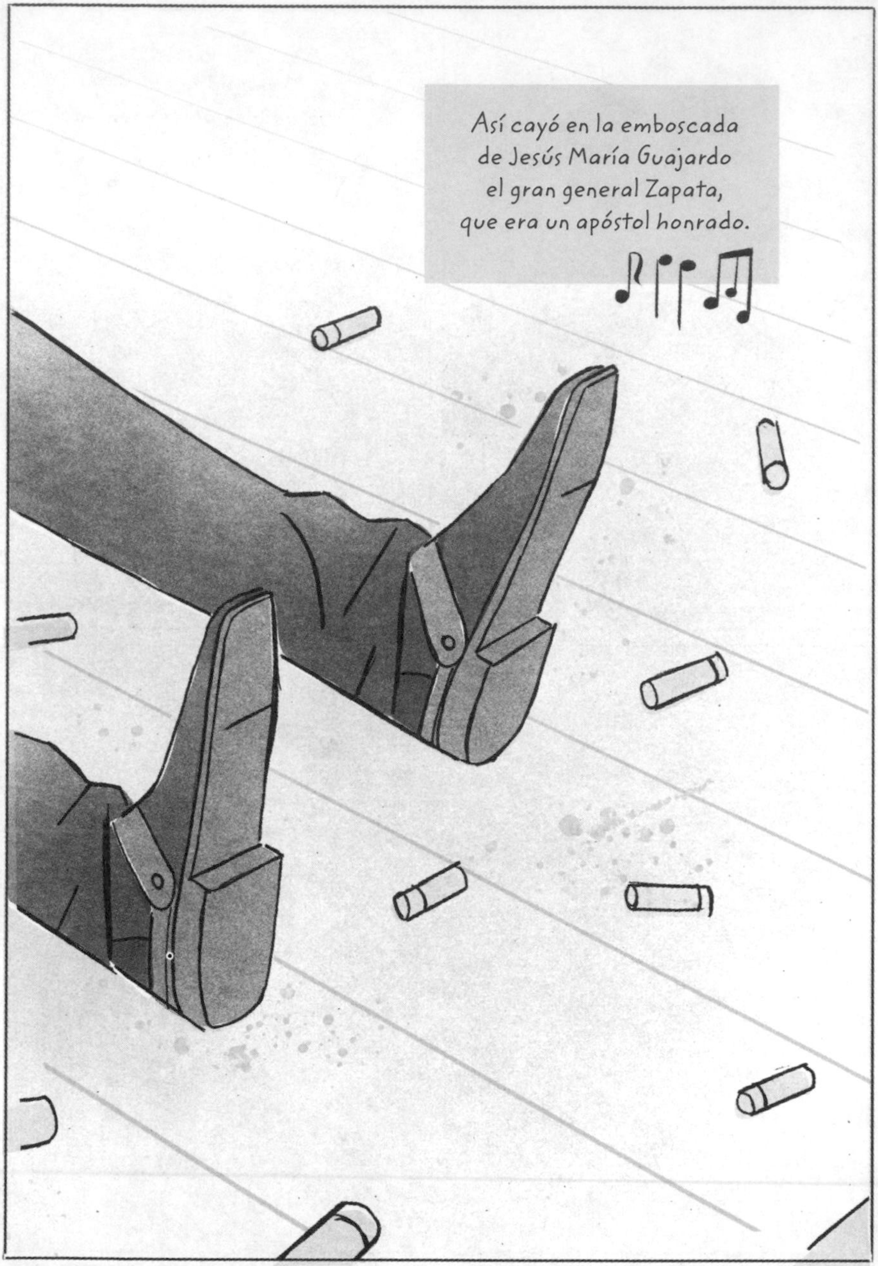
Así cayó en la emboscada
de Jesús María Guajardo
el gran general Zapata,
que era un apóstol honrado.

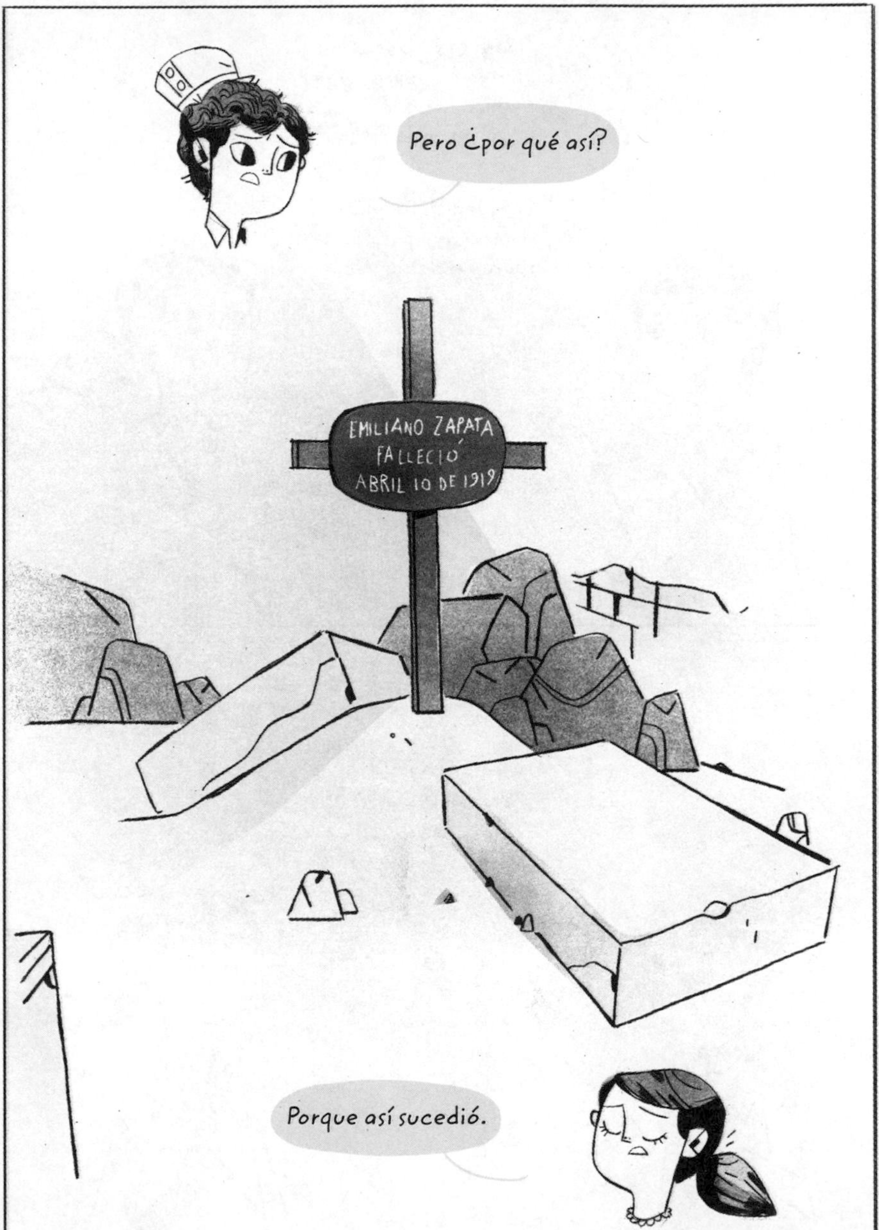
Pero ¿por qué así?
EMILIANO ZAPATA
FALLECIÓ
ABRIL 10 DE 1919
Porque así sucedió.

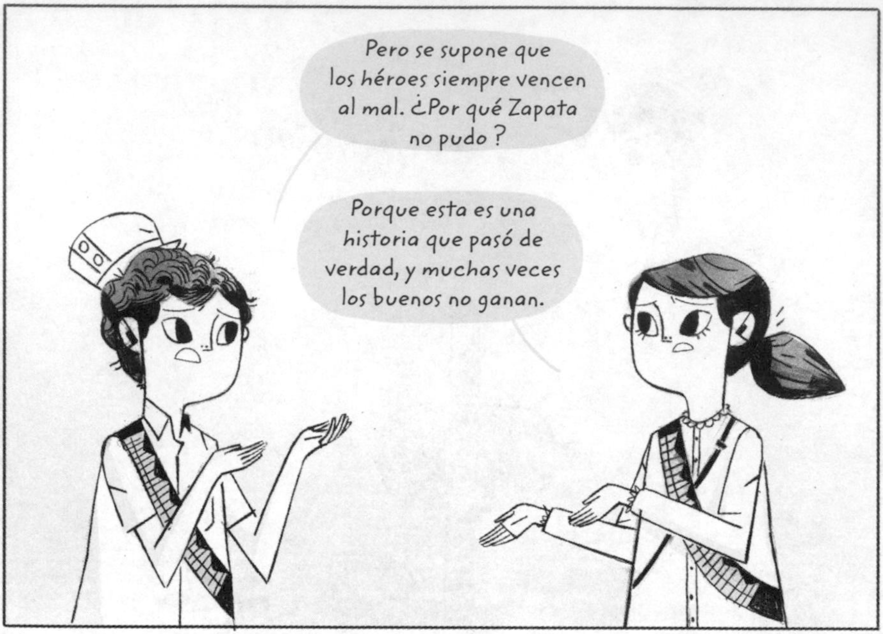
Pero se supone que los héroes siempre vencen al mal. ¿Por qué Zapata no pudo?
Porque esta es una historia que pasó de verdad, y muchas veces los buenos no ganan.

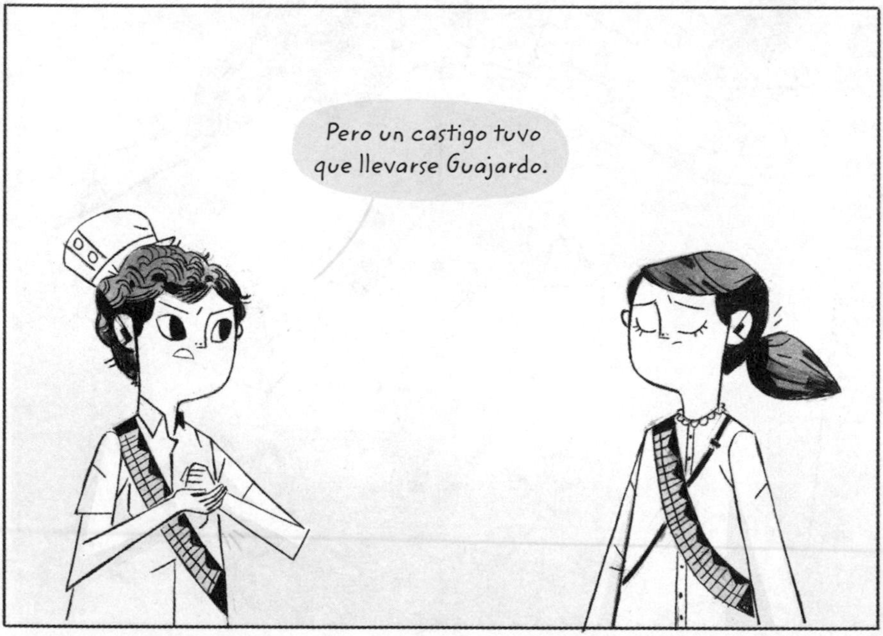
Pero un castigo tuvo que llevarse Guajardo.

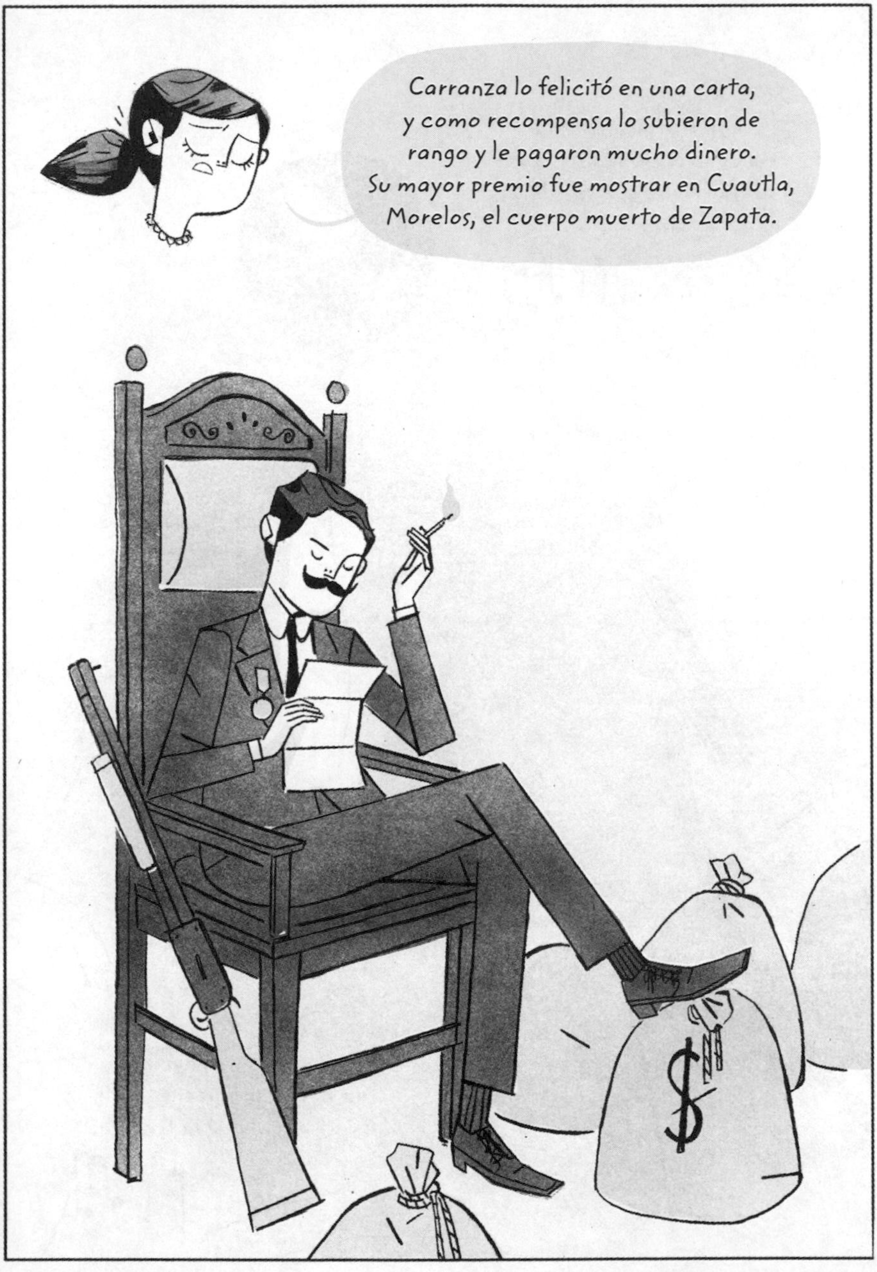
Carranza lo felicitó en una carta, y como recompensa lo subieron de rango y le pagaron mucho dinero. Su mayor premio fue mostrar en Cuautla, Morelos, el cuerpo muerto de Zapata.

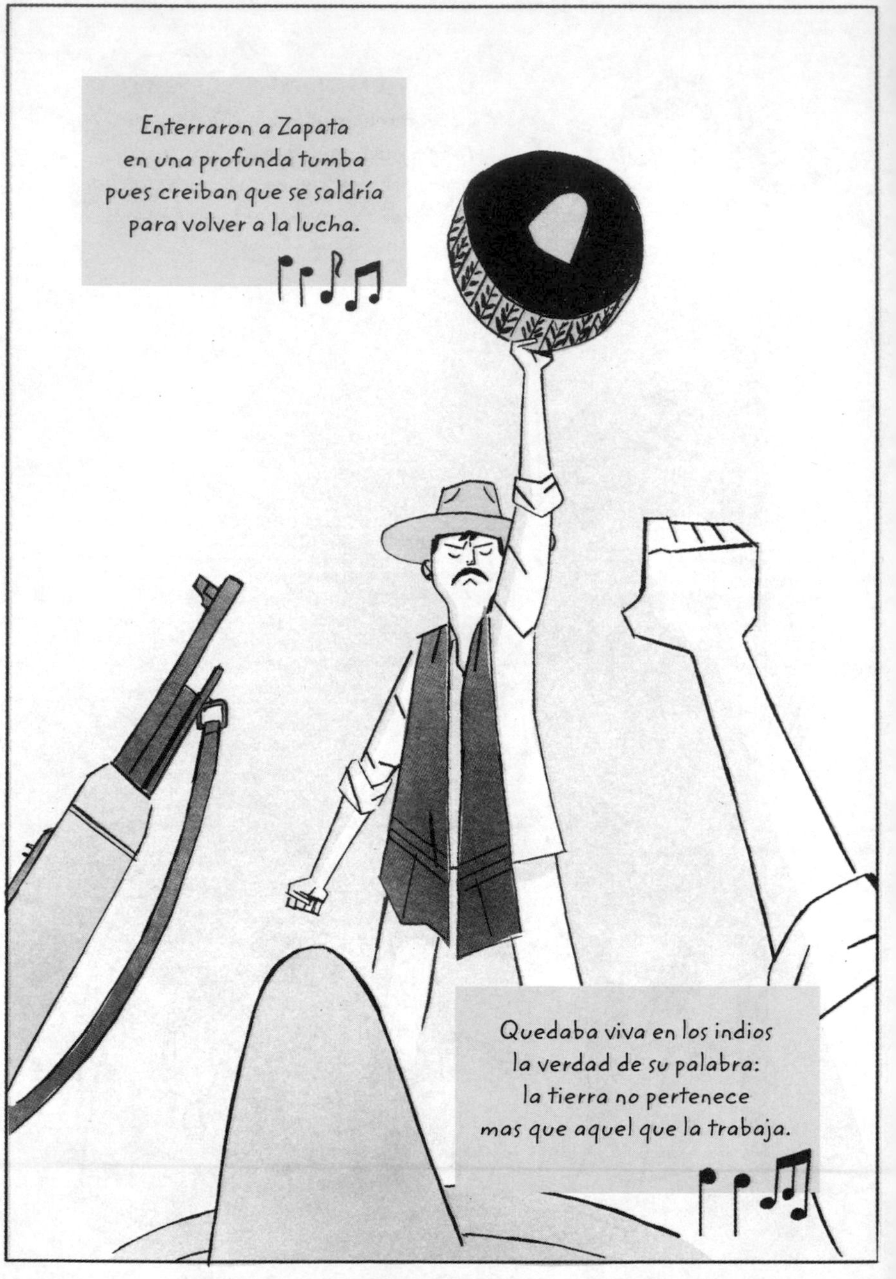
Enterraron a Zapata
en una profunda tumba
pues creiban que se saldría
para volver a la lucha.
Quedaba viva en los indios
la verdad de su palabra:
la tierra no pertenece
mas que aquel que la trabaja.

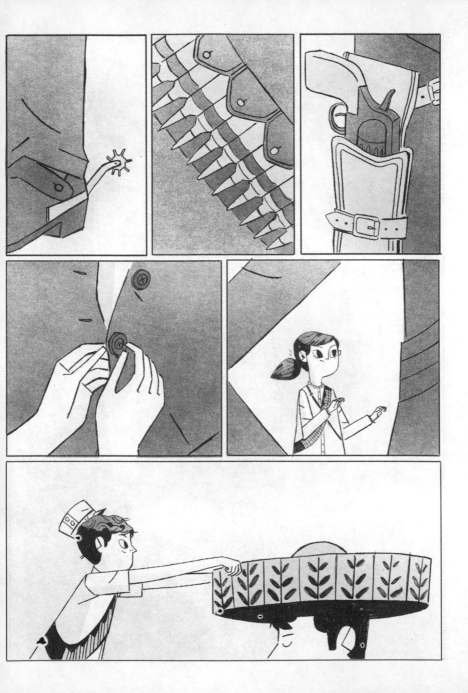

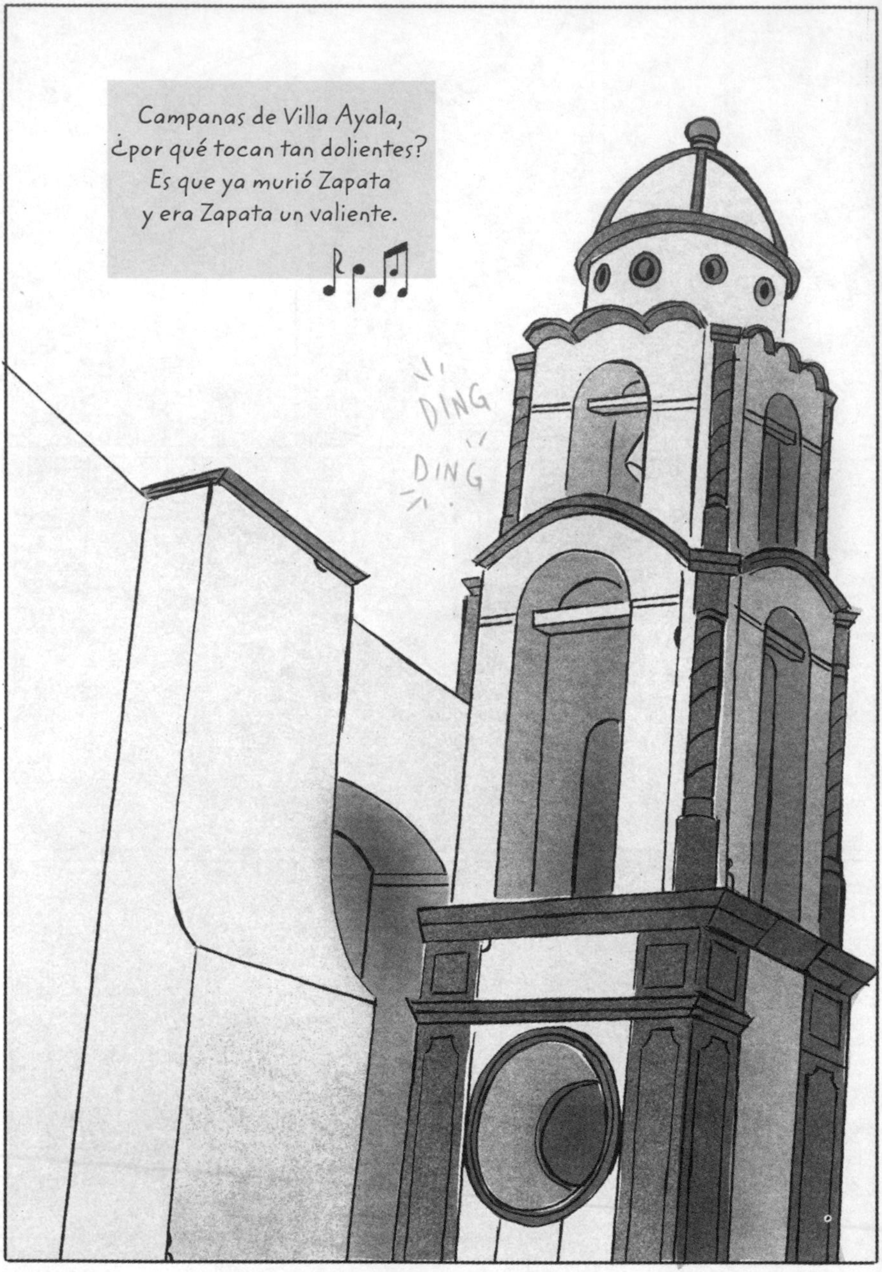
Campanas de Villa Ayala,
¿por qué tocan tan dolientes?
Es que ya murió Zapata
y era Zapata un valiente.
DING
DING

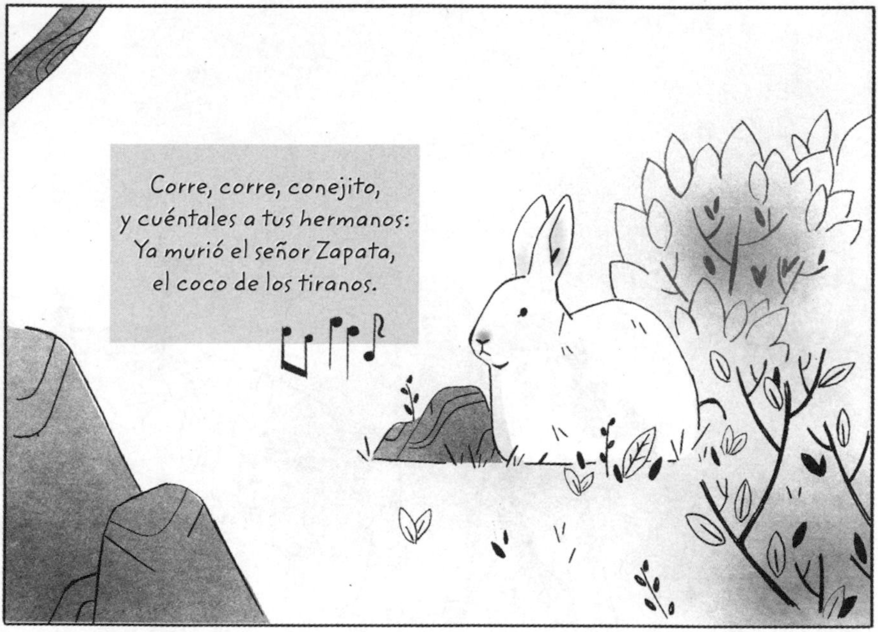
Corre, corre, conejito,
y cuéntales a tus hermanos:
Ya murió el señor Zapata,
el coco de los tiranos.

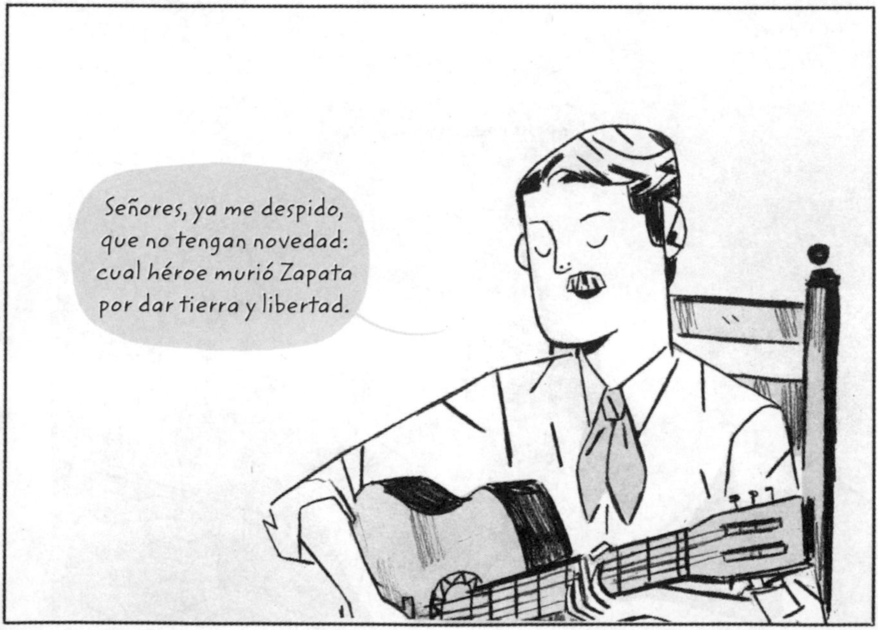
Señores, ya me despido,
que no tengan novedad:
cual héroe murió Zapata
por dar tierra y libertad.

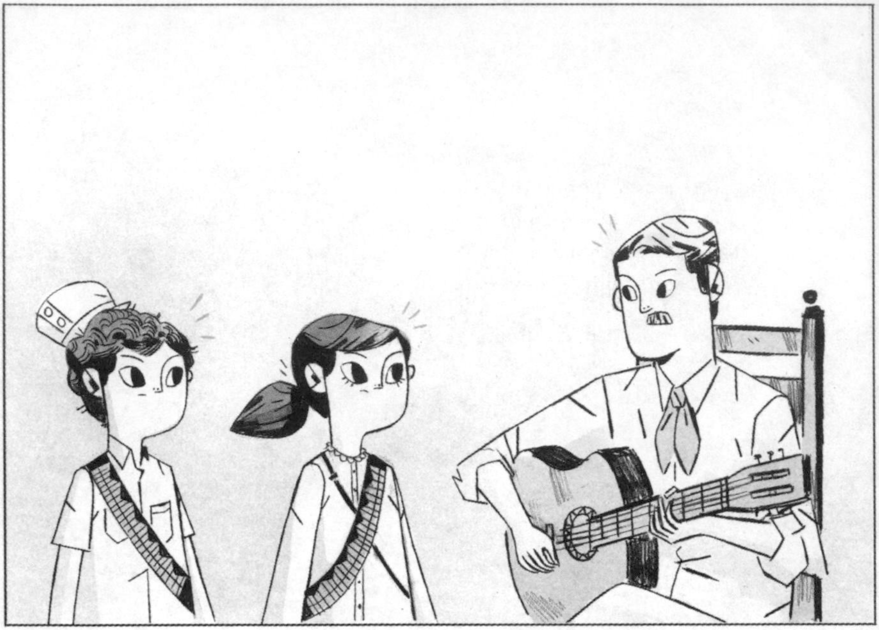

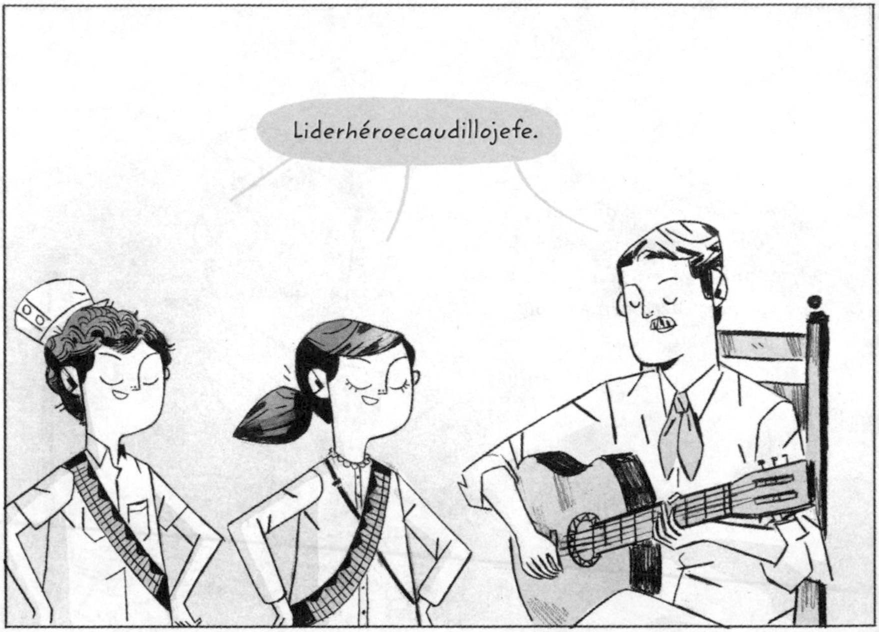
Liderhéroecaudillojefe.

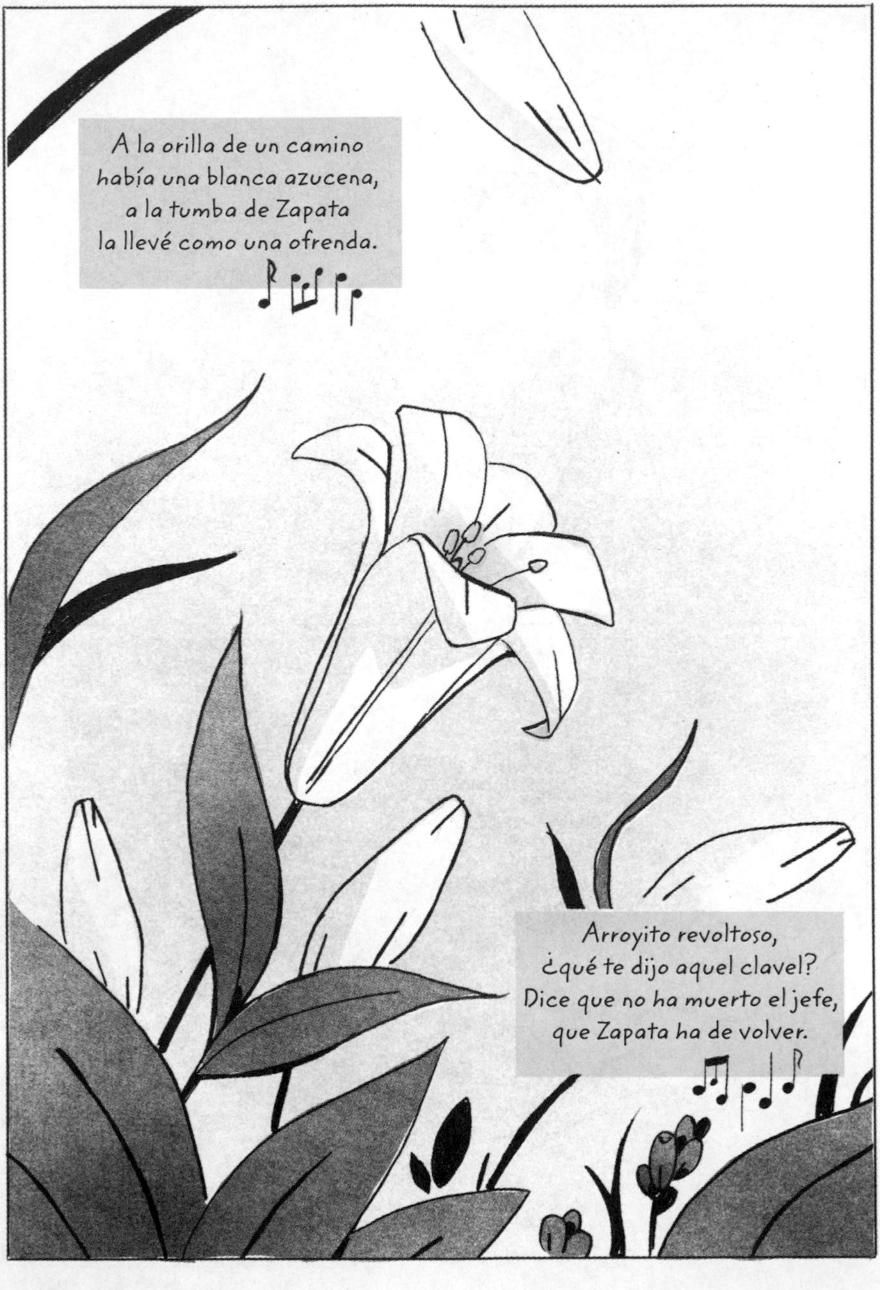
A la orilla de un camino
había una blanca azucena,
a la tumba de Zapata
la llevé como una ofrenda.
Arroyito revoltoso,
¿qué te dijo aquel clavel?
Dice que no ha muerto el jefe,
que Zapata ha de volver.

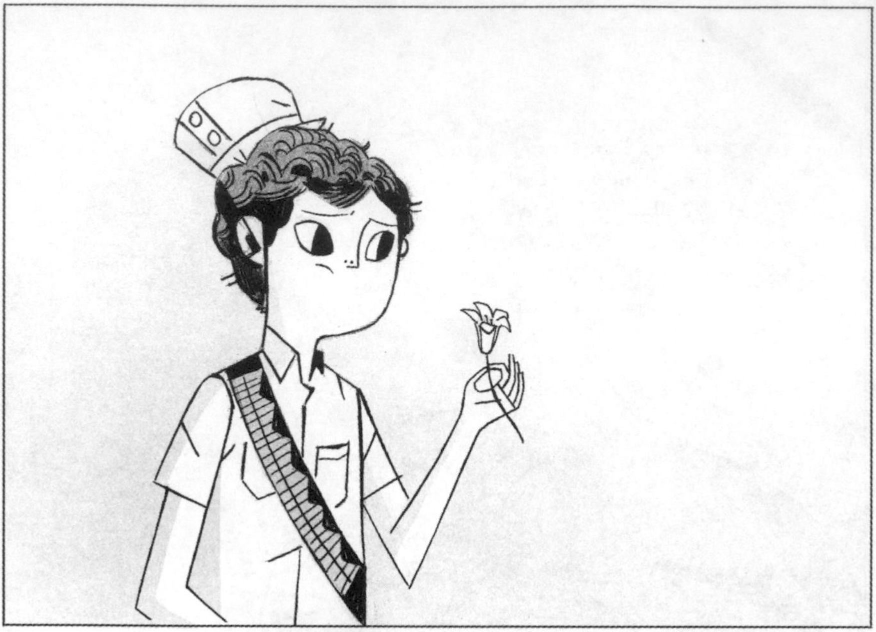

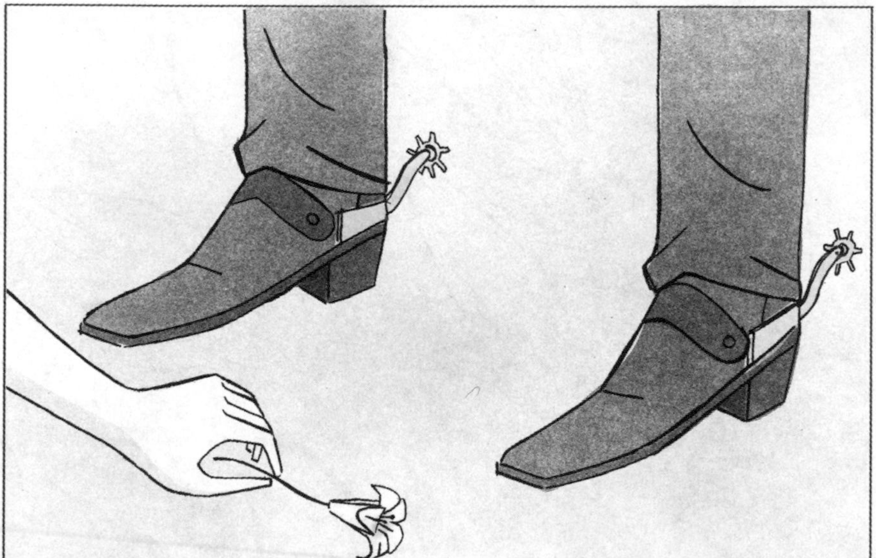

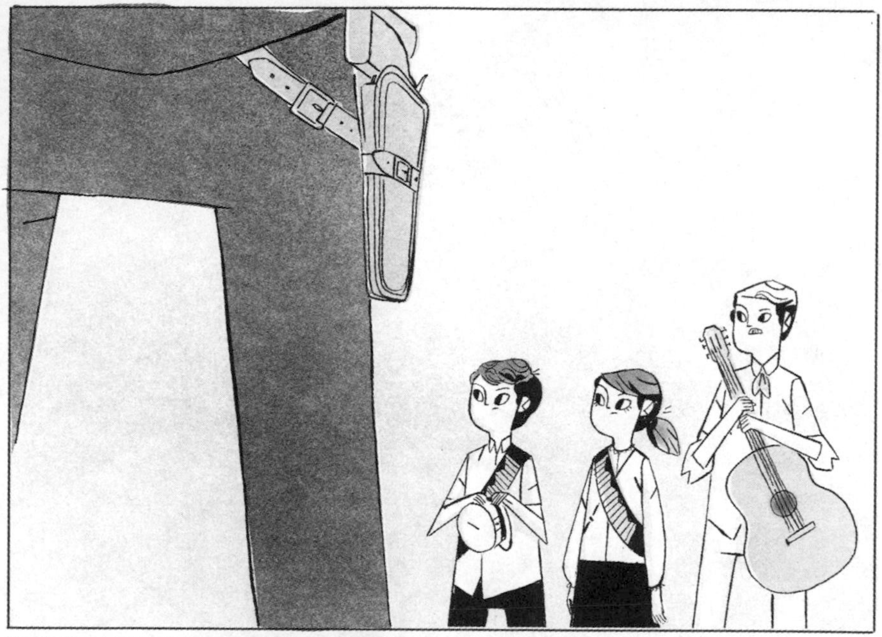

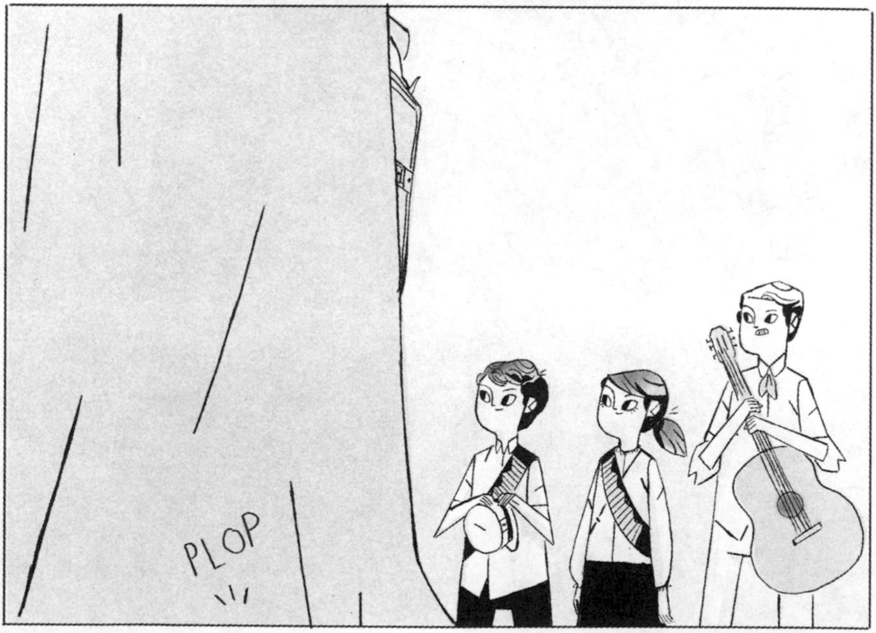
PLOP

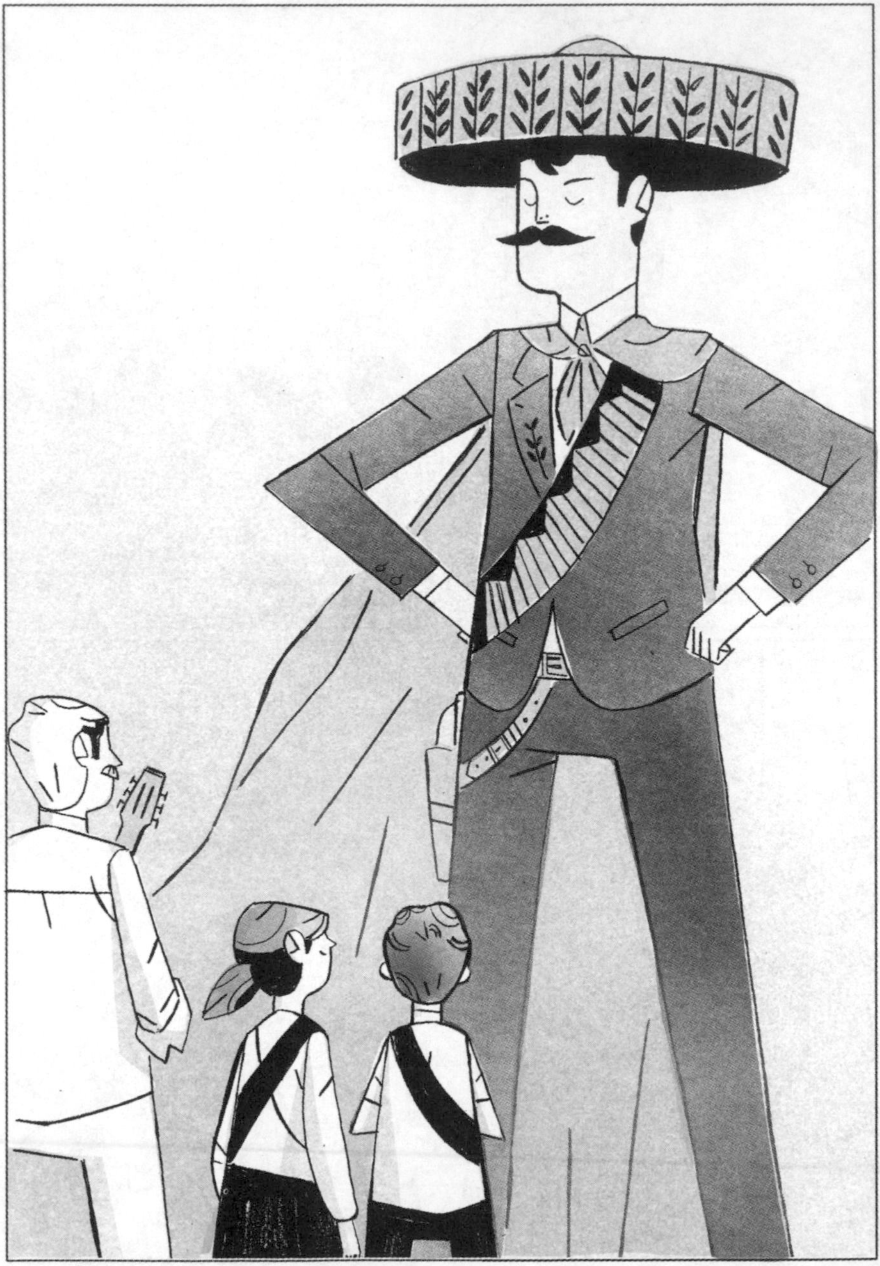

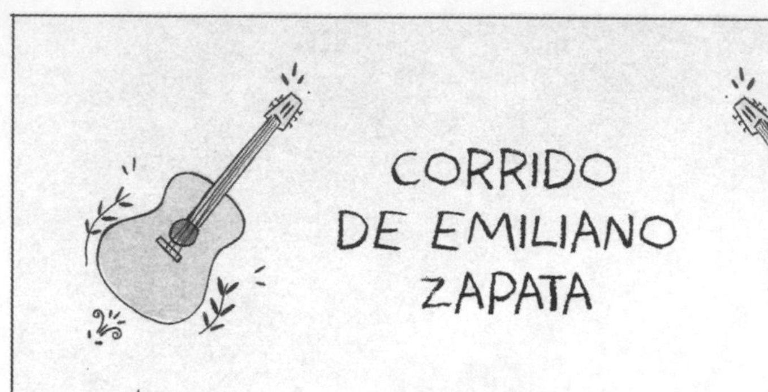

CORRIDO DE EMILIANO ZAPATA

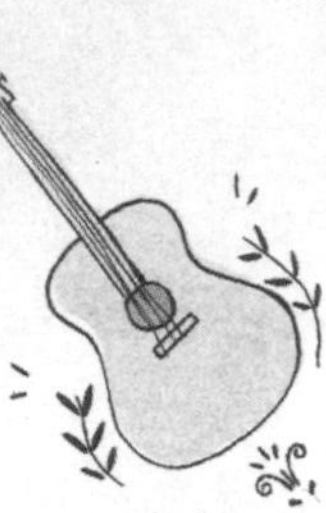

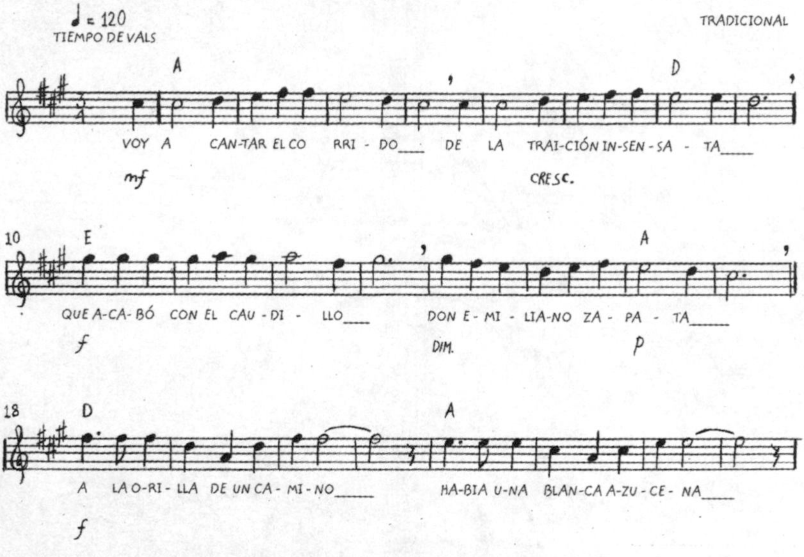
♩= 120
TIEMPO DE VALS
TRADICIONAL
A
D
VOY A CAN-TAR EL CO RRI - DO___ DE LA TRAI-CIÓN IN-SEN - SA - TA____
mf
CRESC.
10
E
A
QUE A-CA- BÓ CON EL CAU - DI - LLO___ DON E - MI - LIA-NO ZA - PA - TA____
f
DIM.
P
18
D
A
A LA O-RI - LLA DE UN CA - MI - NO_____ HA-BIA U-NA BLAN-CA A-ZU - CE - NA____
f

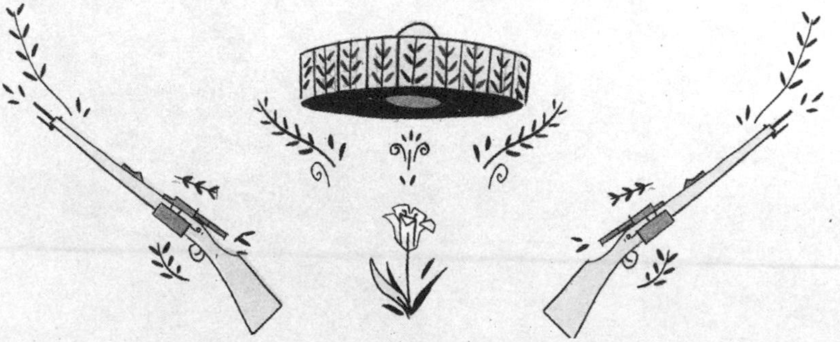

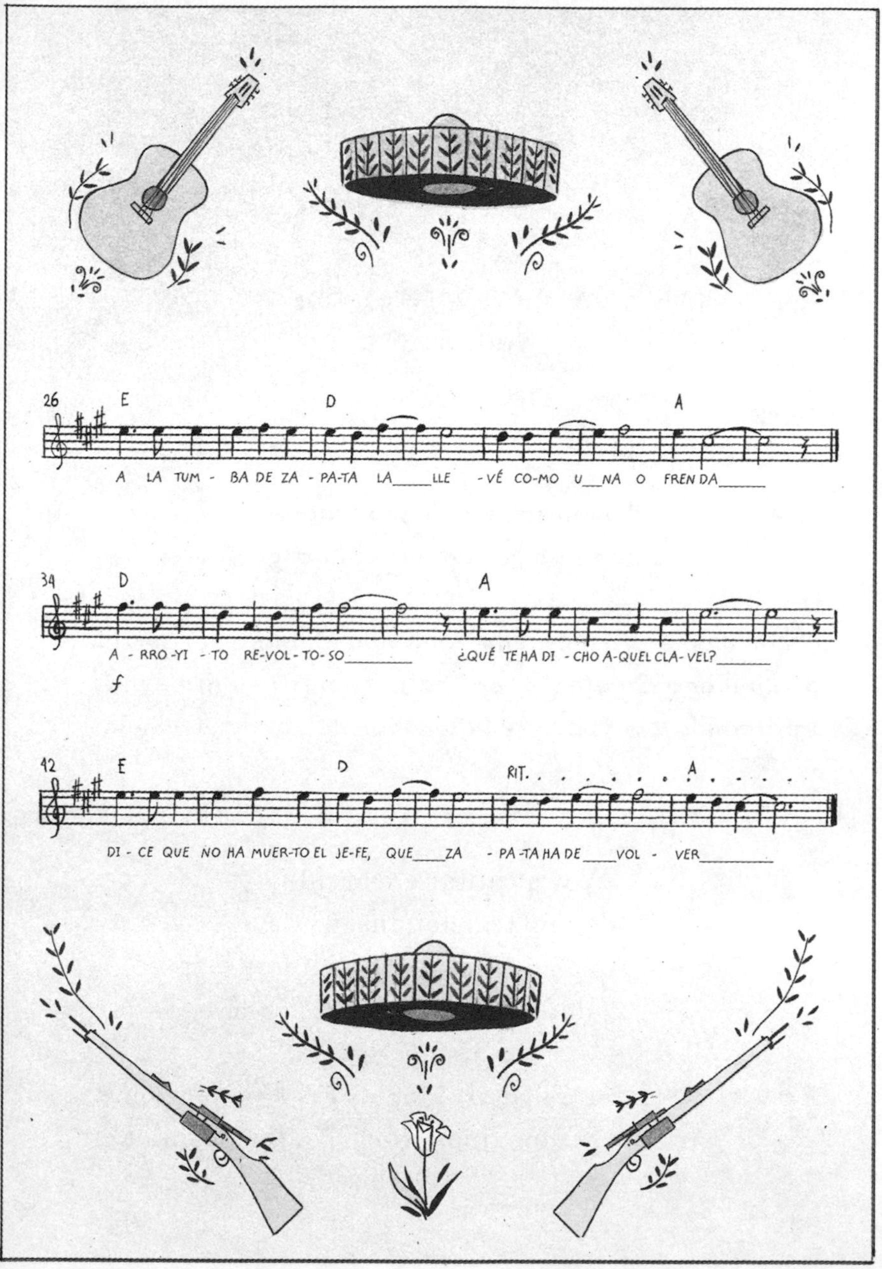

26 E D A
A LA TUM - BA DE ZA - PA-TA LA___LLE - VÉ CO-MO U__NA O FREN DA___
34 D A
A - RRO-YI - TO RE-VOL-TO-SO___ ¿QUÉ TE HA DI - CHO A-QUEL CLA-VEL?___
f
42 E D RIT. A
DI - CE QUE NO HA MUER-TO EL JE-FE, QUE___ZA - PA-TA HA DE___VOL - VER___

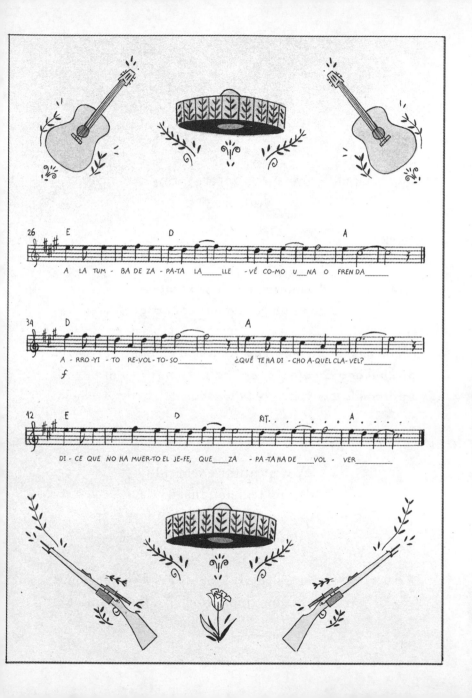

¿SABES QUIÉN ES ZAPATA?

Obra breve para títeres, dos actores
y un músico

La música puede ser grabada
o cantada por los mismos actores.

(El músico entra a escena cantando el inicio del corrido
de Emiliano Zapata. Los dos actores entran junto con él
tarareando la música y se acomodan detrás de una mesa.)

Músico:

Voy a cantar el corrido
de una traición insensata
que acabó con el caudillo
don Emiliano Zapata.

Actriz: (Interrumpe al músico.) Perdón, perdón.
¿Acabó? ¿Cómo que acabó? No puede empezar

la obra diciendo cómo acabó si apenas vamos a
empezar.

Actor: Perdón, perdón. ¿Qué pasó?

Actriz: ¿No oíste lo que dijo?

Actor: No, es que la música estaba bonita y no puse
atención.

Actriz: No, no. Así yo no puedo actuar. Tú no
escuchas la canción y él... (Les habla en secreto.)
¡Comienza por el final!

Actor: ¿Cómo por el final?

Actriz: Sí, ¿no escuchaste? Parece que se muere.

Actor: ¿Cómo que se muere? No se puede morir.
Vamos a representar la historia de un héroe.
Los héroes nunca se mueren.

Actriz: A lo mejor escuché mal. Pero eso es lo que
dijo. Y pues yo decía...

Actor: Se ha de haber equivocado.

Actriz: ¿Cómo equivocado? Pero si está leyendo. Mira.

Actor: A lo mejor no leyó bien.

Actriz: Oye, ¿Y si le preguntas?

Actor: No, me da miedo.

Actriz: ¿Cuál miedo? Ándale, ve...

Actor: No, es que...

Actriz: A ver, vamos... juntos. Disculpe, ¿podría
empezar su historia de nuevo?

Músico: ¿Mi historia? Pero si es la historia de todos... Mía, suya, de ellos, es la historia de los campesinos de México.

Actor: Disculpe a mi amiga. A lo mejor no se explicó bien. Su canción, quiso decir.

Músico: *(Va a empezar a tocar.)*

Actriz: Pero desde el principio, ¿eh? Cuando todavía no puede haber muertos porque todavía no hay batallas.

Actor: *(Toma la espada e inicia una batalla imaginaria.)* O si quiere sáltese el principio y cuéntenos de las batallas.

Actriz: Yo digo que cuente la historia desde el principio porque ahí se sabe cómo fue que el héroe se volvió superhéroe. *(La actriz mueve las manos como un acto de prestidigitación, le arranca la espada de las manos.)*

Actor: *(Arranca la espada de las manos de la actriz.)* Para que no lo maten nunca.

Actriz: Eso.

Músico: ¿Están seguros de que están en la obra correcta?

Actriz: La vida de Emiliano Zapata.

Músico: Pues empecemos... Aquí les va el corrido...

Actor: ¿Corrido?, ¿qué no va a cantar una canción?

Actriz: Es lo mismo: canción, corrido. Es lo mismo.

Músico: Arranquemos de una vez. Y para que mejor se entienda y no quede duda alguna, comencemos por donde se empieza: el principio.

Actriz: Eso decía yo.

Músico:

Por los campos de Morelos
se escucha cantar al viento
un canto que no envejece,
un canto que se hace eterno;
Emiliano está en los cerros,
Emiliano no se ha muerto.

Actriz: ¿Ves? Allí todavía no se muere.

Actor: Que no se muera. Voy por Emiliano. (*Sale.*)

Músico:

Zapata desde muy niño
en un corrido vivió.
Nos dice y anda diciendo,

algún viejo decidor,
que Zapata muy temprano
apuntó a libertador.

Actor: (*Se asoma con un títere con rifle en la mano.*)
¡Que nadie se mueva!

Actriz: ¿Qué pasa?

Actor: ¿A quién hay que apuntar?

Actriz: A nadie todavía. El señor cantante dijo que
Emiliano, de niño, apuntó a libertador. Quiere
decir que desde chico le gustaba lo justo, la
libertad.

Actor: Aaah... Pues como a todos, ¿no?

Músico: Desgraciadamente no a todos. Ya vas a
ver.

Músico:

Cerca de Villa de Ayala,
en un rancho sin pretensión,
Anenecuilco llamado,
allí Zapata nació.

Actriz: (*Se levanta y va hacia el músico.*) Perdón,
¿podría decirnos dónde está Anenecuilco?

Músico: En el estado de Morelos. En el sur de México.

Actriz: (*Saca mapa del estado de Morelos.*) Mire, de pura casualidad aquí traigo un mapa del estado de Morelos. A ver, dígame, dónde está Anenecuilco.

Músico: (*Saca flecha.*) Pues yo también de pura casualidad traigo una flecha para señalar. Aquí está Cuernavaca, que es la que todos conocen. Luego Temixco, y vas bajando a Tlaltizapán. Al lado está Villa de Ayala y aquí está Anenecuilico. Chiquito, chiquito.

Actriz: ¿Y Tequesquitengo y Las Estacas? Para ir a nadar.

Músico: Esos están para...

Actor: Perdón, perdón, perdón. Disculpen que interrumpa su paradisiaco viaje turístico por el estado de Morelos.

Actriz: Ay, sí, perdón. Es que era importante saber dónde...

Actor: Sí, sí, sí. Continuemos.

Músico: (*Comienza a tocar canción de cuna.*)

Actriz: ¡Momento! ¿Cuál es la prisa? Necesitamos la cuna de Emiliano.

Actor: ¡La cuna de Emiliano!

Actriz: ¡Emiliano bebé, Emiliano bebé...! (*Busca entre sus cosas. No lo encuentra. Tarda. Le da una mazorca de maíz.*)

Actor: ¿Qué es esto?

Actriz: Emiliano bebé.

Actor: (*En secreto.*) Esto es un elote.

Actriz: En realidad, esto es una mazorca.

Actor: ¿Y dónde está Emiliano bebé?

Actriz: Mira, hay una cosa en el teatro que se llama convención...

Actor: ¿Dónde está Emiliano bebé?

Actriz: Se me olvidó.

(*Comienzan a pelear, y a partir del pleito empieza el llanto del bebé.*)

Músico:

Jacales de Aneneculco,
calleja donde creció,
su cuerpo de niño serio
y concentrado vigor.

Actor: (*Saca el títere con una capa puesta.*) ¡Que nadie se mueva!

Actriz: ¿Qué haces?

Actor: Le pongo a Emiliano el concentrado vigor.

Actriz: Esa es una capa. Y Emiliano no usaba capa... Hasta ahora.

Actor: Lo que pasa es que no sé qué es concentrado vigor. No sé si tengo uno. (*Busca.*)

Actriz: Concentrado vigor quiere decir que tenía mucho ánimo, energía, coraje.

Músico: Digna rabia.

Actor: ¡Ah! Rabia, ánimo, energía, coraje... (*Mueve al títere como si estuviera furioso.*)

Actriz: No, no, no tranquilo. Respira. Inhala, exhala, inhala, exhala... Sigamos con lo que sigue. Mejor vamos a la escena que sigue. ¡Los hermanos de Zapata!

Músico:

Y estas tierras del rincón
las sembré con un buey pando,
se me reventó el barzón
y sigue la yunta andando...

Actriz: Los hermanos de Zapata, ¿están listos? (*Salen hermanos.*) Celsa, Jovita, Ramona,

Matilde, María de Jesús, María de la Luz,
Pedro, Eufemio y Loreto.

(*Ponen su casita, su tierra, sembradío, trabajan.*)

Patrón: A ver, niños, fuera de aquí.

Zapata niño: Perdone, señor, pero creo que se equivocó. Aquí vivimos nosotros. Es nuestra tierra, bueno, de nuestros papás.

Patrón: ¿No me digas, chamaquito? Muéstrenme los títulos de propiedad.

Niños: A ver, búscalo. Yo no lo tengo. Ni yo, ni yo...

Patrón: No lo tienen porque lo tengo yo. (*Enfrente de ellos jala la tierra, la firma y enrolla como título de propiedad.*) Y la casita, que les quedó tan bonita, también me la llevo.

Zapata niño: Oiga, señor, ¡no se vaya! En esta tierra trabajan mis papás, aquí comemos, aquí jugamos y de aquí no nos vamos. (*A hermanos.*) ¿Están bien?

Hermanita: Pues cómo vamos a estar si ya no tenemos casa.

(*Entra papá triste.*)

Zapata niño: Papá, papá... Nos quitaron la tierra. ¿Qué pasó? ¿Debíamos dinero?

Papá: (*Niega con la cabeza.*)

Zapata niño: ¿Se la vendiste?

P a p á : (*Niega con la cabeza.*)

Z a p a t a   n i ñ o : ¿La regalaste?

P a p á : Nos la quitaron.

Z a p a t a   n i ñ o : Pero ¿por qué, papá? ¿Es que
acaso la tierra no es nuestra? Si en esta tierra
nací y en esta tierra crecí.

M ú s i c o :

Miliano mira a su padre,
que el trabajo encaneció.
Las manos del viejo tiemblan,
tiembla de rabia la voz.
Zapata mira a su madre
ocultando su dolor
tras el rebozo que ciñe
y que el llanto ya mojó.
Zapata, el niño, no entiende
la injusticia del patrón.
¿Cómo les quita la tierra
cuando aquí siempre vivió?

P a p á : Todo lo puede el Señor. Todo lo tienen los
amos; el indio sólo el dolor.

Zapata niño: ¿Por qué no pelean contra esos tiranos y acaban con la esclavitud?

Papá: Hijo, tus palabras son brotes tempranos, no llegas ni a la juventud. Ellos son muy poderosos, no los podemos vencer.

Zapata niño: Pues yo haré que devuelvan estas tierras robadas y se calme tu dolor; es un juramento, no bravuconadas, te doy palabra de honor.

Papá: Estás muy chico, Miliano, a ti te toca jugar.

Zapata niño: ¿Cómo puedo jugar, si ni casa tenemos ya? ¿Sabes qué, papá? Cuando sea grande, la tierra se la quitaré al patrón.

Actor: ¿Qué tal me salió?

Actriz: Muy bien.

Actor: Mucho mejor, ¿no? Más fluido. No entendí lo de los brotes tempranos pero todo lo demás sí lo entendí.

Actriz: Ah, pues lo de los brotes tempranos...

Actor: Espérame tantito. Señor músico, quiero pedirle un favor: ¿no podríamos repetir la escena pero con palabras más sencillas para que todos entendamos?

Músico: Los corridos son coplas con rima, si son originales, y cambiarlo, 'tá ca...

Actor: No, no, no. Mejor sigamos.

Actriz: Sí, sí. Sigamos.

Actor: ¿Y qué sigue?

Músico:

Vestido de charro viene
don Emiliano Zapata,
el campo verde se lleva
en sus espuelas de plata,
que el galope de su cuaco
un fuerte viento arrebata.

Actor: Perdón, perdón, perdón. ¿Ya tan rápido
creció? ¿Qué pasó en el medio?

Actriz: Yo te explico. Mientras prepara a Zapata.
(Al público.) Mientras crecía, Emiliano no dejó
de pensar en lo que les había hecho el patrón.
Se dio cuenta de que lo que le había pasado
a su familia le pasaba a toda la gente a su
alrededor.

Actor: ¿Cómo era posible que las tierras que les
habían pertenecido a sus papás, a sus abuelos,
a sus bisabuelos, a sus tatarabuelos, de pronto
ya fueran de unos señores ricos, que habían

decidido construir su hacienda justo donde antes estaba su casita?

Actriz: Y aun así, los campesinos seguían en esas tierras, sembraban el maíz, lo cosechaban, pero a la hora de venderlo, los hacendados, o sea los nuevos dueños de las haciendas, se quedaban con todo el dinero.

Actor: Y total que Emiliano, sus papás y los campesinos amigos nomás no veían ni una moneda en su mano.

Actriz: Por eso estaba tan enojado Emiliano.
Y por eso cuando comenzó a trabajar, también empezó a pensar...

Actor: ¿Y en qué trabajaba?

Actriz: ¿Qué no te sabes la obra?

Actor: No, no, no. Momento: sí me sé la obra pero en el texto no decía nada de su trabajo.

Actriz: ¿Cómo no? Si ahí está en el texto. Mira, chécalo.

Actor: Bueno, bueno, sí, sí viene.

Actriz: Emiliano fue labrador, arriero, trabajaba con la tierra, después fue caballerango...

Actor: ¿Caballe-qué?

Actriz: Caballerango era el mozo que cuidaba y ensillaba los caballos en las haciendas. Y eso hacía cuando un día se cansó de ver y se puso a actuar.

Actor: ¡Como yo! Mira: "Ser o no ser, ese es el dilema".

Actriz: Sí, más o menos, ¿por qué no sigues ahí atrás ensayando? Primero se puso a leer viejos documentos donde se enteró de que, como se imaginaba, esas tierras eran de los campesinos. Que se las habían quitado porque los gobernantes en la Independencia dijeron que ya no eran de ellos. Y se las expropiaron. O sea que se las quitaron de manera...

Músico: Ilegal. O sea fuera de la ley.

Actriz: Entonces fue cuando dijo:

Zapata: Esto se acabó, ¿cómo el pobre va a dejar de ser pobre si todo se lo quitan? El campesino es quien trabaja la tierra y es al que menos le queda. Basta de injusticias. De ahora en adelante, la tierra es de quien la trabaja.

Músico:

¡Por ahí va la bola, déjenla rodar!

Actor: (Entra con una bola que le tira a la actriz para jugar; ella se la avienta a él y luego al público.)

Actriz: ¿Qué haces?

Actor: La bola...

Actriz: La bola se les llamaba a los campesinos que, como Emiliano, se cansaron de trabajar injustamente. Creyeron que si se unían a la Revolución algo iba a cambiar para bien y siguieron a un líder, como Emiliano.

Actor: Héroe, querrás decir héroe.

Actriz: Líder.

Actor: Héroe.

Músico: Caudillo, jefe.

Actor: (Pregunta al público y según contesten.)

Todos: Líderhéroecaudillojefe.

Músico:

Desde las altas montañas
me fui a la Revolución,
pues me quitaron mis tierras
por órdenes del patrón.

(Mientras canta, los actores se ponen sombreros
con títeres en el sombrero. Otro grupo de títeres llega
al centro del escenario.)

Hombres de pueblo: *(Subiendo las montañas.)*

Hombre 1: Vamos, que Zapata nos llama.

Hombre 2: ¿Qué queremos?

Hombre 1: Revolución.

Hombre 2: ¿Y para qué la queremos?

Hombre 1: Para dar la lucha.

Hombre 2: ¿Cuál lucha?

Hombre 1: La Lucha Villa.

Hombre 2: No, ella todavía no existe.

Hombre 1: Yo también voy, y yo, y yo...

Hombre 2: Méndigos patrones, nos quitan todo. Tanto elote que sembré y me muero de hambre. Ni un elotito me dejaron.

Músico:

Desde las altas montañas
me fui a la revolución,
pues me quitaron las tierras
por órdenes del patrón.
Los patrones tienen tierra
y plata para gastar,
mientras que los campesinos
ya no podíamos ni andar.

Zapata:
(A los campesinos.)

Ya conocen mi bandera,
muy sencillo es mi programa:
tierra, libertad y escuelas
el campesino reclama.

Actriz: ¡Viva Zapata! Así empezó la revolución en
el sur de México, con Emiliano como líder.
Actor: Héroe.
Actriz: Sí, héroelídercaudillojefe. (Le pone el
sombrero al músico.) Y de ahí no paró. Creó el
Plan de Ayala...
Actor: Claro, el Plan de Ayala.
Actriz: Sí, el Plan de Ayala.
Actor: Sí, sí... el Plan de Ayala.
Actriz: No sabes cuál es el Plan de Ayala, ¿verdad?
Actor: Fue, yo creo, el plan en el que dejaba en
claro todo eso que él quería, y lo decía ahí, en
el Plan de Ayala.
Actriz: Fue un manifiesto firmado el 28 de
noviembre de 1911, en el que Zapata
desconocía al gobierno de Madero, que llegó

a ser presidente gracias a su apoyo, porque le prometió que ayudaría a los campesinos a que recuperaran las tierras que les habían robado. Pero una vez que Madero llegó a presidente, como que... todo se le olvidó.

M ú s i c o : Mira nomás qué olvidadizo.

A c t o r : Oigan, yo ya me hice bolas.

A c t r i z : (Al *músico*.) Maestro, ayúdeme.

(*Actriz va por máscara de Zapata.*)

M ú s i c o :
(*Rasgueo de guitarra.*)

Le dijo Zapata a don Pancho Madero
cuando él era un gobernante:
Si no das las tierras, verás a los indios
de nuevo entrarle al combate.
Se enfrentó al señor Madero,
contra Huerta y a Carranza,
pues no le querían cumplir
su plan que era el Plan de Ayala.

Z a p a t a : ¡Tierra y libertad!

Actriz: Justicia, solamente justicia. Siempre la misma petición de Zapata.

No era difícil de entender, ah, pero qué difícil respetar la promesa.

Algo no estaba bien y Zapata lo presentía. Si no hacía alianza, la revolución fracasaría. Por suerte había alguien que pensaba como él.

Actor: ¿Quién?

Actriz: ¡El Centauro del Norte!

Actor: ¿Un centauro?

Actriz: Así le decían. Pero se llamaba José Doroteo Arango Arámbula.

Actor: ¿Cómo?

Actriz: Dile... Pancho Villa.

Actor: Pancho Villa.

Actriz: En un último intento por tratar de organizar las ideas de todos los que peleaban por la Revolución, hubo una convención en la Ciudad de México. Ese día bajaron del norte y subieron del sur los caudillos de la Revolución.

(Actor y actriz desplazan a grupos de soldaditos.)

Actor: ¿Ónde anda, compadre?

Actriz: Pues hasta acá.

Actor: Pues véngase, compadre.

Actriz: Orita voy.

Actor: Ya llegamos y no están los jefes.

Actriz: La gente de la ciudad estaba preocupada. Más bien, aterrada. Decían que Villa era asesino y Zapata era conocido como el Atila del Sur.

Actor: ¿Atila?

Actriz: Atila fue un guerrero que existió hace muchos años y se caracterizó por ser cruel y sanguinario.

Actor: Pero Zapata no era cruel ni sanguinario... Era un héroe.

Actriz: Para ellos no. Decían que iba a deshacer la ciudad entera. Pero la ocupación zapatista fue mucho mejor de lo que esperaban.

Actor: Porque Zapata era un héroe.

Actriz: Ahí iba Zapata con su gran bigote y sombrero.

(Sale actor con máscara de Villa.)

Actriz: Y Villa alto, más alto, más robusto y fornido, pesaba más de 90 kilos de pura panza. ¿Sabes por qué tenía esa panza? Porque tomaba su bebida favorita, su malteada de fresa. Los dos, montados en sus caballos, hicieron su entrada triunfal a la Ciudad de México.

(*Actores van a animar, cada uno, a los títeres de Villa y Zapata.*)

Músico:

Y entre gritos de alegría,
Zapata le dijo a Villa:
Vamos entrando en Palacio
pa' sentarnos en la silla.
Como los dos no cabemos,
yo me le siento en la orilla.

(*Narrado:*)

Zapata le dice a Villa:
Ya perdimos el albur,
tú atacarás por el norte,
yo atacaré por el sur.

Actriz: Todo era fiesta, ¡victoria! Había llegado el día que cambiaría la historia. La gente eso creía. Pero ese tiempo de gloria muy poquito duraría.
(*Títeres se dan la mano.*)
Pancho Villa y Emiliano Zapata: Pues ya estamos. (*Salen.*)

Actriz: Concretados los acuerdos, cada caudillo
partió a su territorio a seguir con su misión.
No sabían que el gobierno planeaba otros fines
muy macabros. Ya no les funcionaban esos
caudillos rebeldes que no dejaban de pensar
en los campesinos. Necesitaban quitarlos de
su camino con alguien que les hiciera frente.
(*Actriz toma máscara de Carranza.*) La traición
vino bajando como avalancha del cerro.
Actriz: (*Con cara de Carranza.*) "Para acabar
con la rabia, hay que acabar con el perro."
Carranza fue quien dio la orden a Pablo
González Garza. Y él se la dio a Guajardo
para ejecutar la matanza. Así, a escondidas,
el gobierno hizo la trampa que terminó con la
vida del general Zapata.

Músico:
(*Rasgueo de guitarra.*)

Aquí les traigo el corrido
de la traición insensata
que acabó con el caudillo
don Emiliano Zapata.
Salieron de Tepalcingo

con rumbo hacia Chinameca,
Zapata iba con Guajardo
por cre'r qu'era hombre de veras.

Actriz: Jesús Guajardo era un coronel del equipo
de Venustiano Carranza. Era ambicioso y quiso
demostrar que podía vencer a Zapata.

Actor: Lo bueno es que Zapata sabía distinguir a
los buenos de los malos.

Actriz: Guajardo se hizo su amigo a pesar de la
desconfianza del caudillo. Tantas dudas tenía
Emiliano, que le pidió que diera una prueba de
lealtad.

Actor: Porque era muy inteligente. Era un
líderheroecaudillojefe.

Actriz: Y Guajardo se la dio.

Actor: Entonces, sí era su amigo, ¿no?

Actriz: Guajardo mandó asesinar a cincuenta
soldados federales. Y así lo convenció. Le
hizo creer que estaba en contra de las ideas
del presidente Venustiano Carranza, igual
que él.

Actor: Pero entonces, ¿no era su amigo de verdad?

Actriz: Después de esa demostración de amistad,
Guajardo citó a Zapata en la hacienda de

Chinameca, donde iban a hacer una supuesta
alianza.

Actor: Los héroes huelen cuando llega la traición.
Estoy seguro de que Zapata lo sabía. Era parte
de su plan.

Actriz: Zapata buscaba aliados. Necesitaba ayuda
para su lucha. Por eso, esta vez, sus instintos le
fallaron.

(Títeres actúan lo que el músico canta.)

Músico:
(Cantado.)

Zapata durmió esa noche
con la dueña de su amor,
que andaba también luchando
para la Revolución.

(Hablado.)

Despertó en la madrugada,
sobresaltado, y le dijo:

Zapata:

"Se me afiguró que estaba
cerca de aquí el enemigo."

Esposa:

"Ayer te avisé que tengo
el negro presentimiento
de que te quebre el gobierno.
Vete lejos d'estas tierras
antes de que sea tarde,
pues si te quebra el gobierno,
los indios se mueren de hambre."

Músico:
(Hablado.)

Dijo Emiliano Zapata:

Zapata:

"Esas son supersticiones
que nadie debe creer.
Guajardo es de pantalones
y con él voy a vencer."

Actriz: A las 8 de la mañana, Zapata montó el
alazán que Guajardo le había regalado. Con
sus hombres iba confiado. Llegaron a San Juan
Chinameca para desayunar. Todavía Guajardo
le hizo creer que había una emboscada cerca.
Lo protegió y lo desconcentró. Así, Zapata
creyó más en su supuesto amigo.

Actor: Pero entonces...

Actriz: Guajardo regresó a la hacienda. Zapata se
quedó en la plaza dejando acomodada a su gente.
Al mediodía, según lo que dijeron los que se
salvaron, apareció un tal Castillo que invitó
a Zapata a entrar a la hacienda. Le pidió que
viniera él solo y unos pocos de sus hombres.

Actor: ¿Solo? ¿A la boca del enemigo? No sigas
contando. No quiero saber nada más. No quiero
ese final. ¿Podemos mejor cambiarlo?

Actriz: El señor corridista puede mejor cantarlo.

(Actriz pone escenografía de la hacienda, instala a
soldados, a Guajardo y saca la ametralladora.)

Músico:
(Rasgueo de guitarra.)

(Actriz va por caballo de Zapata,
se lo pasa al actor, que monta a
Zapata en el caballo.)

Contestó Zapata entonces:
Voy a ver al coronel.
Que vengan nomás diez hombres,
nada puede acontecer.

(Canción:)

Entraba el héroe a la hacienda
y una descarga lo hirió.

(Matan a Zapata.)

En lugar de saludarlo,
esa tropa lo mató.

(Actriz y actor sacan hilos de sangre.)

Todo su traje de charro
ensangrentado quedó,

y enfundada su pistola
también ahí se manchó.

Allí nadie tuvo tiempo
de poderse defender.
Guajardo acabó con todos
a los que dijo querer.

Así cayó en la emboscada
de Jesús María Guajardo
el gran general Zapata,
que era un apóstol honrado.

(*Actores delante de su tumba.*)

Actor: Pero ¿por qué así?
Actriz: Porque así sucedió.
Actor: Pero se supone que los héroes siempre
vencen al mal. ¿Por qué Zapata no pudo?
Actriz: Porque esta es una historia que pasó de
verdad, y muchas veces los buenos no ganan.
Actor: Pero un castigo tuvo que llevarse Guajardo...

Actriz:

Carranza le dio a Guajardo
por la muerte de Zapata
Un plaza en el gobierno
y cincuenta mil pesos en plata.

Los periódicos dijeron:
Ya mataron a un bandido.
Pero los indios lloraron
la muerte de su caudillo.

Músico:

Enterraron a Zapata
en una profunda tumba
pues creiban que se saldría
para volver a la lucha.

Quedaba viva en los indios
la verdad de su palabra:
la tierra no pertenece
mas que aquel que la trabaja.

*(Mientras el músico canta, los actores terminan
de construir la figura gigante de Emiliano Zapata.
Le ponen sus cananas, su saco y su sombrero.)*

Campanas de Villa Ayala,
¿por qué tocan tan dolientes?
Es que ya murió Zapata
y era Zapata un valiente.

Corre, corre, conejito,
y cuéntales a tus hermanos:
Ya murió el señor Zapata,
el coco de los tiranos.

Señores, ya me despido,
que no tengan novedad:
cual héroe murió Zapata
por dar tierra y libertad.

A la orilla de un camino
había una blanca azucena,
a la tumba de Zapata
la llevé como una ofrenda.

Arroyito revoltoso,
¿qué te dijo aquel clavel?
Dice que no ha muerto el jefe,
que Zapata ha de volver.

(Los tres le rinden homenaje a Zapata.
Se termina la historia.)

F I N

SUGERENCIAS DIDÁCTICAS

Edad recomendada: 6 a 11 años
Técnica: títeres de mesa, títeres de papel, mojiganga,
     máscaras, actores y música en vivo
Duración: 50 minutos
Idioma: español

Sinopsis

Tres amigos están reunidos para contar, a su manera, la vida de Emiliano Zapata. Con títeres, máscaras, una mojiganga y corridos, tratan de juntar las piezas del rompecabezas, para que el público se entere de quién fue este caudillo, qué hizo y cómo murió. Al final hay una pieza que no encaja: la muerte del héroe. Y esa es la pregunta que queda en el aire: por qué los héroes mueren.

Los títeres recrean a los personajes históricos, y así podemos seguir la vida de Emiliano Zapata desde que era niño y jugaba con sus hermanos. Esta historia es contada desde el punto de vista del niño Emiliano para hablar de justicia e injusticia en una época en que los valores parecen haber cambiado.

Los amigos logran ponerse de acuerdo, completan la historia de este héroe y dejan su figura en el escenario, como recuerdo de lo que hizo.

Áreas: ciencias sociales, español, artes plásticas, música, educación artística, expresión corporal
Valores: solidaridad, compañerismo, lealtad, empatía, tolerancia, justicia, tenacidad, sinceridad, honradez, iniciativa, valentía, educación por la paz
Temas: Historia, Revolución mexicana, Emiliano Zapata, equidad social

1. EL TEATRO

¿Sabes quién es Zapata? es una obra que cuenta la vida del héroe revolucionario Emiliano Zapata.

Para hacer una obra de teatro:

1. Se escribe un texto que se llama guion o texto dramático.
2. La directora se imagina cómo hacer que el texto se vea sobre el escenario con actores, escenografía, luces, música y títeres. Para eso hace dibujos, maquetas y un *story board*.
3. Los constructores de títeres construyen los títeres que se necesitan.
4. El escenógrafo diseña y construye la escenografía.
5. El iluminador "pinta" con luz el escenario.
6. Los actores primero se aprenden el texto de memoria para actuar y luego siguen las indicaciones de la directora para contar mejor la historia.
7. El músico inventa la música y la interpreta.
8. El público viene al teatro...
9. ¡Y la obra comienza!

Actividad:
- Cuando veas la obra, trata de descubrir los diferentes elementos del teatro.
- Pon una palomita a los elementos que hayas descubierto durante la obra.

Elementos del teatro	Sí lo descubrí	No lo descubrí
Texto dramático o guion		
Música		
Actores		
Títeres		
Luces		
Escenografía		

2. EL CORRIDO

El corrido es un género musical mexicano con el que se cuentan historias que ocurren en la vida real. En la época de la Revolución mexicana hubo corridistas que componían estas "canciones" para informar a la gente lo que pasaba en la Revolución. Las cantaban por aquí y por allá. Podríamos decir que los corridos funcionaban como una especie de periódico o noticiero. Y la gente se los aprendía de tanto escuchar. Así fue que esas composiciones musicales llegaron hasta hoy: de boca en boca, como los corridos de Emiliano Zapata que cantamos en esta obra.

Voy a cantar el corrido
de la traición insensata
que acabó con el caudillo
don Emiliano Zapata.

Los corridos se hacen con rimas: insensata rima con Zapata...

- Busca palabras que rimen con:
  Revolución:
  Caballo:
  Caudillo:
  Líder:

Los octosílabos

Cada verso del corrido se escribe en una medida poética que se llama octosílabo. Quiere decir que cada línea de cada verso debe de tener 8 sílabas.

Voy-a-can-tar-el-co-rri-do... 8
de-la-trai-ción-in-sen-sa-ta... 8
que a-ca-bó-con-el-cau-di-llo... 8
don-E-mi-lia-no-Za-pa-ta... 8

- En equipos, escriban algunos versos para un nuevo corrido. Recuerden armar versos octosílabos.

3. LA METÁFORA

Cuando se escribe poesía, el escritor busca decir un sentimiento o una idea usando palabras o imágenes distintas a lo común. A estas "otras palabras o imágenes" se les dice metáfora. Al sentimiento o idea original se le llama sentido literal. Aquí hay algunos ejemplos:

Sentido literal	Metáfora
Cabello güero	Cabellos de oro
Niña morena	Niña de chocolate
Niña que corre rápido	Niña como rayo

En el teatro también se utilizan imágenes para hacer metáforas, y se les llama metáforas escénicas. Por ejemplo, cuando Emiliano Zapata muere, los actores sacan listones rojos de su cuerpo para plasmar en una imagen su asesinato.

- ¿Te animas a inventar metáforas para Emiliano Zapata? Puedes usar algunas imágenes que hayas visto en la obra:

Sentido literal   Sentido figurado
La sangre de Emiliano
era como...
Los hermanos de Zapata
eran diez, como si fueran...
Emiliano Zapata era como...
Pancho Villa era grande como...

4. EL PERSONAJE

En la obra, los actores y el músico no se deciden: dudan si Emiliano Zapata fue un héroe, un líder, un caudillo, un jefe o un superhéroe.

- ¿Tú qué crees que era: un héroe, un líder, un caudillo, un jefe o un superhéroe?
- ¿Cómo te imaginas que hablaba Emiliano Zapata?
- ¿Cómo crees que caminaba?
- ¿Qué crees que comía?

Así, imaginando, pensando e investigando es como el escritor de teatro, el director y los actores inventan al personaje que va a actuar en la obra. ¿Quieres inventar a tu propio personaje?

- Elige qué va a ser: un héroe, un líder, un caudillo, un jefe o un superhéroe.

5. TALLER DE CONSTRUCCIÓN DE TÍTERES

Una vez que elijas al personaje que quieres, juega y construye tu títere de manipulación directa, con... ¡hojas de maíz!

• Debes dar forma al cuerpo del títere manipulando las hojas de maíz así:

1. Remoja 7 hojas de maíz.
2. Agrupa 4 de ellas y amárralas muy fuerte con estambre, de la mitad hacia arriba. La parte chica será la cabeza del títere, la parte de abajo será el cuerpo.
3. Divide en dos grupos las hojas de maíz correspondientes a las piernas.
4. Con la 5ª hoja de maíz, haz un rollito a lo largo de la hoja, para hacer los brazos.
5. Pon ese rollo entre las dos piernas.
6. Amarra con estambre debajo del rollo-piernas. Así ya queda lista la estructura del títere.
7. Con las dos hojas restantes, hazle un vestido, una camisa o un sombrero.

• Luego le pintas el cuerpo con pintura vinílica. Aplícala con pedazos de algodón.
• Pinta la cara con la misma pintura. También puedes pegarle unos ojos movibles o de botón.
• Haz el pelo con estambre y pégaselo con silicón.
• Al final lo decoras según el tipo de personaje que hayas elegido. Puedes usar retazos de tela, listones, botones o lo que tú quieras.
• Cada quién presenta y mueve su títere frente al resto del grupo. Además puedes hacerlo hablar, claro. Y, muy importante, no olvides ponerle nombre.

LOS AUTORES

Amaranta Leyva escribe y actúa historias para los niños desde hace veinte años. Le gusta tanto trabajar con niños que con su compañía de títeres construyeron La Titería, un Centro Cultural sólo para ellos. Ha viajado a teatros en otros países como el Kennedy Arts Center, Arsh Center Miami y el Brooklyn Academy of Music. Ha recibido muchos premios y ha publicado libros en México, España y Alemania. Entre sus obras se encuentran *Mía*, *El vestido*, *Dibújame una vaca*, *El cielo de los perros* y *El intruso*.

Aarón Cruz nació en el Estado de México durante el año 2000 y dibuja desde que puede recordar. Descubrió los cómics a los cuatro años y publica sus propias historietas en línea desde los trece. Lo puedes encontrar en https://www.behance.net.

¿Sabes quién es Zapata? de Amaranta Leyva
se terminó de imprimir en agosto de 2019
en los talleres de
Impresora Tauro, S.A. de C.V.
Av. Año de Juárez 343, col. Granjas San Antonio,
Ciudad de México